AF312182

LES

LIONNES PAUVRES

PIÈCE

Représentée pour la première fois, à Paris, sur le théâtre du Vaudeville,
le 22 mai 1858

PARIS. — IMPRIMERIE DE J. CLAYE

RUE SAINT-BENOIT, 7

LES
LIONNES PAUVRES

PIÈCE

EN CINQ ACTES EN PROSE

PAR

ÉMILE AUGIER ET ÉDOUARD FOUSSIER

DEUXIÈME ÉDITION

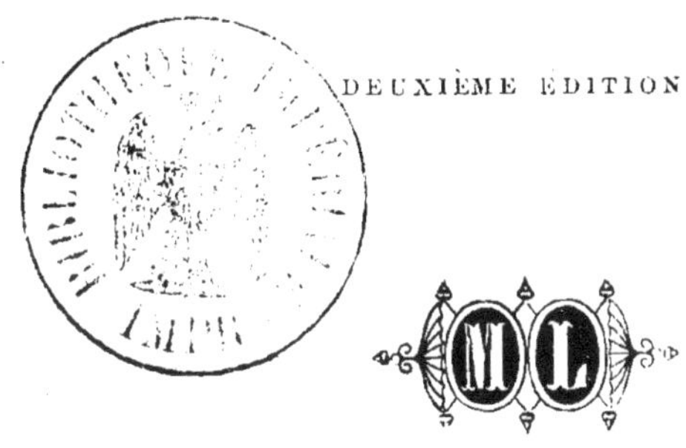

PARIS

MICHEL LÉVY FRÈRES, ÉDITEURS

RUE VIVIENNE, 2 BIS

1858

À

Son Altesse Impériale Mgr le Prince Napoléon

Monseigneur,

Sans votre haute intervention, les LIONNES PAUVRES n'auraient pas vu le jour.

Cette dédicace n'est qu'un bien faible témoignage de notre gratitude.

Il ne vaudrait pas la peine de vous être offert, s'il ne renfermait un hommage plus digne de Votre Altesse Impériale; mais notre comédie

a

a été pour vous l'occasion de défendre et de sauver en principe la liberté de l'art : c'est elle que nous mettons ici sous votre invocation.

Daignez agréer,

Monseigneur,

l'expression du profond respect avec lequel nous sommes,

De Votre Altesse Impériale,

les très-humbles et très-reconnaissants serviteurs,

Émile Augier, Edouard Foussier.

PRÉFACE

Aujourd'hui que notre pièce a gagné son procès devant le public et la presse, je me sens fort à l'aise pour parler sans passion des obstacles qu'elle a eu à surmonter avant d'arriver à ses juges naturels.

La résistance obstinée qu'elle a rencontrée dans le sein de la commission de censure n'est pas un fait isolé qu'on puisse passer sous silence : c'est tout un système. Que MM. les censeurs me permettent donc de leur présenter quelques observations sur leurs fonctions, dont ils ne me semblent comprendre ni toute la portée ni les limites exactes.

Pour formuler sur-le-champ les deux termes de ma pensée, la censure manquerait autant à son devoir en désarmant la comédie qu'en tolérant qu'elle tournât ses armes contre la société. Cependant de ces deux écueils, le dernier est le seul qui la préoccupe ; quant au premier, elle semble n'y pas attacher d'importance. Singulière contradiction que j'observe chez la plupart de ceux qui parlent de la comédie ! Ils lui concèdent pleinement la puissance de faire le mal ; ils lui refusent celle de faire le bien. Il faudrait choisir cependant et les lui reconnaître ou les lui dénier toutes deux. Ses adversaires disent qu'elle n'a jamais corrigé personne : soit; mais, pour être logiques et justes, ils devraient ajouter qu'elle n'a jamais perverti personne non plus ; auquel cas elle serait simplement un jeu innocent, un divertissement puéril sur lequel l'État n'aurait pas de surveillance à exercer. Or, puisqu'il en exerce une, et très-active, c'est qu'il ne voit pas les choses ainsi, et il a raison.

Je ne voudrais pas exagérer le rôle social de la littérature ; mais il y a dans la structure des sociétés une charpente intérieure aussi importante à l'économie générale que la charpente osseuse à celle de l'individu : ce sont les mœurs. C'est par là que les nations se maintiennent, plus encore que par leurs codes et leurs constitutions. Nous en avons eu la preuve au lendemain des révolutions, pendant l'interrègne des lois. Mais les mœurs semblent ne relever que d'elles-mêmes ; elles échappent à l'action gouvernementale ; il n'est décret ni ordonnance qui puisse les réformer ou les transformer. Quel moyen d'influence a-t-on sur elles ?

Vous souvenez-vous des belles expériences de M. Flourens sur la vie des os ? Il a démontré qu'ils se renouvelaient incessamment, en les colorant sous l'action d'une alimentation colorante. Ne pourrait-on pas appeler la littérature l'alimentation colorante de l'esprit public ? Et la partie la plus active, sinon la plus nutritive de la littérature, n'est-ce pas le théâtre ? Les ennemis de l'émancipation intellectuelle lui ont déclaré une guerre spéciale, et je ne veux pas d'autre preuve de son efficacité. N'est-il pas en effet la forme de la pensée la plus saisissable et la plus saisissante ? Il est en rapport immédiat avec la foule ; ses enseignements, bons ou mauvais, arrivent à leur adresse directement et violemment. Vous dites qu'il n'a corrigé personne ; je le veux bien ; mais la même objection pourrait s'opposer aux livres de morale et à l'éloquence de la chaire ; d'ailleurs le but n'est pas de corriger quelqu'un, c'est de corriger tout le monde ; le vice individuel n'est pas possible à supprimer, mais on peut en supprimer la contagion ; et de tous les engins de la pensée humaine, le théâtre est le plus puissant, voilà tout.

C'est donc un instrument précieux et dangereux tout à la fois qu'il importe au moins autant de ne pas émousser que de bien diriger. Souvent, j'en conviens, le milieu exact est difficile à tenir. Mais l'inconvénient d'empêcher le bien étant égal à l'avantage d'empêcher le mal, je voudrais que dans le doute la commission de censure s'abstînt, d'autant plus qu'il y a derrière elle une censure bien plus sûre que la sienne, celle du public.

Ce n'est pas ce que font ces messieurs ; et de bonne foi, sont-ils en position de le faire ? D'une part, ils sont tout puissants, grâce aux règles inflexibles de l'administration [1] ; de l'autre, ils ont, et c'est justice, une responsabilité égale à leurs pouvoirs. En cas d'erreur, on leur applique l'axiome de droit : *imperitia pro culpa habetur*. Aussi, comment voulez-vous qu'ils ne se décident pas pour la compression dans tous les cas ambigus ? A défaut d'autre certitude, ils ont au moins celle qu'une pièce supprimée ne fera pas de bruit. Quant à moi, je les plains de tout mon cœur : ces pauvres juges perplexes me font l'effet de sentinelles dans le brouillard : dès qu'une question un peu délicate les approche, ils crient *au large*, et il n'est amis ni ennemis qui tiennent ; ils tirent dessus avec l'intrépidité de la peur.

Mais, bien qu'excusable ou plutôt compréhensible jus-

---

1. Nous ne l'avons que trop éprouvé à propos des *Lionnes pauvres*. La censure avait fait un premier rapport concluant à l'interdiction de la pièce ; M. Camille Doucet, directeur de la division des théâtres, M. Planté, inspecteur des théâtres, se portèrent caution de la moralité de l'ouvrage auprès de S. E. le ministre d'État. M. Fould, malgré la libéralité de ses intentions, ne put passer outre ; sa protection dut se borner à demander un second rapport après quelques modifications à la pièce, et le second rapport ayant confirmé le premier, le ministre se déclara sans pouvoir pour nous relaxer. Pour sortir de cette position, il ne nous fallut pas moins que la prérogative impériale et le recours en grâce.

qu'à un certain point, cette panique n'en va pas moins à supprimer complétement la comédie de mœurs. Je les entends qui se récrient? Ouvrons leur catéchisme; en tête, je trouve écrit : « Il est dangereux de révéler à la société l'existence de ses plaies secrètes. »

D'abord qu'est-ce, à l'avis de ces messieurs, qu'une plaie secrète de la société, sinon une nouvelle forme des vices éternels, c'est-à-dire le domaine légitime de la comédie de mœurs? De quoi veulent-ils donc qu'elle parle? des formes banales et ressassées? Autant la condamner franchement à se taire.

Ensuite qu'entendent-ils par cette *révélation?*

Qu'on dise que la *Gazette des Tribunaux*, par son compte rendu des procès de cour d'assises, fait faire un grand pas à la science du vol en vulgarisant des procédés ingénieux à l'usage des adeptes, c'est possible; encore pourrait-on objecter qu'elle met du même coup les honnêtes gens en garde; mais que le théâtre apprenne quelque chose au public, non ! Sa force, au contraire, consiste à être l'écho retentissant des chuchotements de la société, à formuler le sentiment général encore vague, à diriger l'observation confuse du plus grand nombre. Le spectateur n'applaudit que les types et les situations qu'il reconnaît ; ceux qu'il ne reconnaît pas, il les nie et les siffle. Par conséquent dans aucun cas il n'y a *révélation.* Supposez que sous Louis XIV l'hypocrisie eût été un vice secret, croyez-vous que le *Tartufe* eût été accueilli par le public?

Enfin quel *danger* voient-ils à ce que le théâtre condense les idées qui flottent dans l'air? Une maladie n'est-elle pas à moitié guérie quand on en a précisé le siége, les causes et les résultats? Écoutez ceci : Nicolas Gogol a écrit une comédie contre la vénalité de l'administration russe : la censure de Saint-Pétersbourg l'avait condamnée sous prétexte aussi qu'il est dangereux de révéler..., etc. L'empereur Nicolas en ordonna la représentation sur tous les théâtres de l'empire, estimant utile de signaler cet abus à l'animadversion des honnêtes gens.

Et à ce propos il est bon de noter que les empereurs ont l'esprit plus libéral que les censeurs. Sa Majesté Napoléon III, apprenant, au sujet des *Lionnes pauvres*, qu'on faisait de la censure littéraire, a formellement condamné tout empiétement de ce genre. C'est un point acquis désormais; en fait de littérature, les censeurs n'auront, selon le joli mot du roi Charles X, que leur place au parterre.

Mais il était temps de les y remettre! Voyez comme tout s'enchaîne et à quelles aberrations peut conduire une première erreur! Voilà une commission chargée d'empêcher le théâtre d'offenser la pudeur de l'auditoire et de parler des affaires politiques, en un mot de lui faire respecter la décence et l'ordre public : ce sont là des attributions simples et nettes. Pour avoir mis le pied hors de ce cercle étroit, ils ne savent plus où s'arrêter; comme protecteurs de la décence, ils se sont immiscés dans les questions de morale et de philosophie; comme protecteurs de l'ordre public, ils ne veulent plus qu'on siffle dans les rangs; ils se croient responsables de la chute des pièces, et de cette responsabilité se font un droit de collaboration, révisant le style, rayant certains mots qui ont encouru leur disgrâce [1], donnant des conseils *dans l'intérêt de l'ouvrage*, imposant des dénoûments de leur cru..... et quels dénoûments!

---

1. Exemples, dans les *Lionnes : J'entends monsieur... courez donc* L'AMUSER. — Indécent.

Demande huit jours de répit, il n'est ANGLAIS *si Arabe...* — Atteinte à l'alliance.

D'ailleurs ces TURPITUDES *ne sont plus que le secret de Polichinelle...* De mauvais goût.

A tous les étages de la SOCIÉTÉ. — Dangereux, etc..., etc.

Je leur demande pardon de violer le secret de leurs délibérations; mais ils m'en ont donné l'exemple en ne le gardant pas eux-mêmes : l'un d'eux s'est même *amusé* à colporter à tous les étages de la *société* que notre pièce était une *turpitude*.

N'exigeaient-ils pas que, dans les *Lionnes pauvres*, Séraphine, entre le quatrième et le cinquième acte, fût victime
de la petite vérole, châtiment naturel de sa perversité[1] !
À cette condition ils amnistiaient la pièce; c'est là ce qu'ils
appellent la moralité du théâtre, — en sorte que les *Lionnes
pauvres* auraient pu s'intituler : *De l'utilité de la vaccine.*

Cette bouffonnerie se rattache cependant à une théorie
littéraire qui vaut la peine d'être discutée.

La morale au théâtre consiste-t-elle, comme le soutien-
nent quelques personnes, dans la récompense de la vertu
et la punition du vice, ou seulement dans l'impression
qu'emporte le spectateur? Je laisse sur ce chapitre la parole
au grand Corneille :

« L'utilité du poëme dramatique[2] se rencontre en la
naïve peinture des vices et des vertus, qui ne manque jamais à faire son effet quand elle est bien achevée et que
les traits en sont si reconnaissables, qu'on ne peut les con-
fondre l'un dans l'autre, ni prendre le vice pour la vertu.
Celle-ci se fait alors toujours aimer, quoique malheureuse;
et celui-là se fait toujours haïr, bien que triomphant. Les
anciens se sont fort souvent contentés de cette peinture,
sans se mettre en peine de faire récompenser les bonnes
actions et punir les mauvaises... »

Le système contraire « n'est pas un précepte de l'art[3],
mais un usage que nous avons embrassé, dont chacun *peut
se départir à ses périls.* Il était dès le temps d'Aristote, et
peut-être qu'il ne plaisait pas trop à ce philosophe, puis-

---

1. Qu'ils ne nient pas le fait : je le tiens de M. Fould lui-même qui,
ne connaissant pas l'ouvrage, ne pouvait opposer à mes réclamations
que le rapport de ces messieurs. On peut apprécier par là la valeur de
leur apologie quand ils prétendent que la pièce jouée n'est plus la pièce
qu'ils avaient interdite, et qu'entre le jour de l'autorisation et celui
de la représentation, nous avons de nous-mêmes fait droit à leurs
censures.

2. Premier discours du poëme dramatique.

3. *Ibidem.*

qu'il dit *qu'il n'a eu vogue que par l'imbécillité du jugement des spectateurs...* »

Corneille dit encore dans l'épître qui précède *La Suite du Menteur* :

« Comme le portrait d'une laide femme ne laisse pas d'être beau, et qu'il n'est besoin d'avertir que l'original n'en est pas aimable, pour empêcher qu'on l'aime; il en est de même dans notre peinture parlante, quand le crime est bien peint de ses couleurs, quand les imperfections sont bien figurées, il n'est pas besoin d'en faire voir un mauvais succès à la fin pour avertir qu'il ne les faut pas imiter. »

Telle est, d'ailleurs, la doctrine de la Critique tout entière. Elle a unanimement affirmé la moralité des *Lionnes pauvres*. Les objections n'ont porté que sur des détails d'exécution ; mais quelques-unes sont si considérables que nous nous croyons en demeure, par déférence même pour la presse, de lui rendre compte des motifs qui nous ont déterminés, sans prétendre, par là, faire notre apologie.

On nous a demandé pourquoi nous avons placé l'action dans un milieu de petite bourgeoisie et non dans le grand monde ; pourquoi nous avons fait de Pommeau un vieillard, et non un mari dans la force de l'âge ; pourquoi enfin, nous avons pris Séraphine après sa chute complète, au lieu de montrer par quelle pente on arrivait dans cet abîme. Toutes ces combinaisons se sont d'abord présentées à notre esprit et peut-être aurions-nous mieux fait de nous en tenir à la première idée, qui est souvent la meilleure ; quoiqu'il en soit, voici pour quelles raisons nous l'avons abandonnée :

La peinture de la dépravation graduelle de Séraphine nous a paru aussi dangereuse que tentante. Nous avons craint que le public ne se fâchât tout rouge à la transition de l'adultère simple à l'adultère payé. Cette peinture ne présentant, d'ailleurs, qu'un intérêt psychologique, il nous a semblé que ce côté de notre sujet pouvait être traité suffisamment en récit, et nous l'avons placé dans la bouche de Bordognon, le théoricien de la pièce. Une donnée aussi scabreuse ne pouvait passer que par l'émotion ; et l'émotion ne pouvait être obtenue que par la situation du mari ; c'est donc là, surtout, que nous avons cherché la pièce.

Dès lors, il s'agissait de choisir le milieu où cette situation serait le plus poignante. Pommeau, homme du grand monde, est évidemment moins dramatique que Pommeau petit bourgeois ; il n'y a plus entre lui et sa femme cette promiscuité de l'argent, qui le rend complice à son insu des hontes de son ménage, en l'abusant sur la provenance même du pain qu'il mange. En outre, il nous a semblé que si nous rétrécissions par là notre cadre, nous élargissions notre idée en montrant cette plaie du luxe, dans les régions où le luxe n'était pas encore descendu avant nos jours.

Enfin, l'ulcère que nous nous proposions de dévoiler n'étant pas l'adultère, mais la prostitution dans l'adultère, il importait d'éviter toute confusion entre les deux sujets, ce qui n'eût pas manqué d'avoir lieu par un conflit entre la jalousie d'un jeune mari et sa probité. Un Pommeau de trente ans n'eût pas été vrai, disant : J'en suis réduit à ne plus compter avec la chûte, tant la faute disparaît devant l'énormité de la honte. Si la vieillesse du mari excuse en quelque sorte l'infidélité de la femme, elle n'excuse nullement sa vénalité, et notre sujet nous reste ainsi isolé et entier.

Voilà, bonnes ou mauvaises, les explications que nous pensions devoir à la critique ; je voudrais, pour ma part, que l'usage de ce cordial échange de réflexions s'établit entre elle et les auteurs, convaincu que l'art n'aurait qu'à y gagner.

Qu'on me permette maintenant de prendre la parole pour un fait personnel, et j'aurai tout dit.

C'est encore une explication, que je dois, celle-là, à l'Académie Française.

Quand elle m'a fait l'honneur de m'admettre dans ses rangs, elle m'a très-spirituellement et très-paternellement tancé de mes collaborations, quoique rares et bien choisies; et voilà qu'à peine entré dans son giron, je retourne à mon péché!

Je suis volontiers de l'avis de M. Lebrun à l'endroit de la collaboration; mais on n'est pas toujours maître de sa destinée. Voyez en ce cas, par exemple : j'ai pour ami intime un de mes confrères, qui n'a pas plus que moi l'habitude de collaborer. Mais nous ne sommes très-mondains ni l'un ni l'autre et passons aisément notre soirée au coin du feu. Là on cause de choses et d'autres, comme le Fantasio de notre cher de Musset, en attrapant tous les hannetons qui passent autour de la chandelle; et si parmi ces hannetons il voltige une idée de comédie, auquel des deux appartient-elle? à aucun et à tous deux. Il faut donc lui rendre la volée ou la garder par indivis.

Il est bien vrai, comme l'observe M. Lebrun, que le public, trouvant devant lui deux auteurs, ne sait à qui s'adresser, s'embarrasse et dit : lequel des deux? Nous serions bien embarrassés nous-mêmes de lui répondre, tant notre pièce a été écrite dans une parfaite cohabitation d'esprits. Pour être sûrs de ne pas nous tromper, nous ferons comme ces époux qui se disent l'un à l'autre : Ton fils.

Voilà le grand inconvénient de la collaboration; mais est-ce à dire pour cela qu'il faille renoncer au plaisir de causer, comme d'honnêtes gens, les pieds sur les chenêts? Je suis certain que M. Lebrun, ce charmant causeur, hésiterait à me le conseiller.

ÉMILE AUGIER.

PERSONNAGES

MONSIEUR POMMEAU.	MM. CHOTEL.
LÉON LECARNIER.	NERTANN.
FRÉDÉRIC BORDOGNON.	FÉLIX.
MADAME SÉRAPHINE POMMEAU.	Mlles DINAH-FÉLIX.
MADAME THÉRÈSE LECARNIER.	FARGUEIL.
MADAME CHARLOT, marchande à la toilette.	BODIN.
VICTOIRE, femme de chambre de Séraphine.	ENJALBERT.
MADAME HENRIETTE HULIN, sœur de Bordognon.	DUPLESSY.
JOSEPH, domestique de Lecarnier.	M. ROGER.

La scène se passe à Paris, de nos jours.

Le 1er acte, chez Pommeau ; le 2e, chez Léon ; le 3e, au bal, chez Henriette ;
le 4e, chez Pommeau ; le 5e, chez Léon.

LES
LIONNES PAUVRES

ACTE PREMIER

Un salon très-élégant, chez Séraphine; portes latérales; fenêtre au fond; cheminée au premier plan, à droite, porte sous tenture, à gauche.

SCÈNE I.

VICTOIRE, THÉRÈSE.

THÉRÈSE, entrant.

Madame n'est pas chez elle?

VICTOIRE.

Non, Madame, mais je ne pense pas qu'elle tarde à rentrer.

THÉRÈSE.

En tout cas, M. Pommeau n'est pas à son étude, aujourd'hui dimanche.

VICTOIRE.

Le voici précisément qui sort de son cabinet. (Elle sort. — Pommeau entre.)

SCÈNE II.

POMMEAU, THÉRÈSE.

THÉRÈSE.

Bonjour, mon ami; je viens sans façon attendre mon mari chez vous.

POMMEAU.

Nous le verrons donc cet homme invisible!

THÉRÈSE.

Il ne faut pas lui en vouloir, il est si occupé!

POMMEAU.

Tant mieux! Pour un avocat qui travaille, il y en a tant qui chôment!

THÉRÈSE.

Est-ce que Séraphine est sortie?

POMMEAU.

Oui... elle est au manége.

THÉRÈSE.

Au manége?

POMMEAU.

Elle prend aujourd'hui sa première leçon d'équitation... par ordonnance du médecin.

THÉRÈSE.

Elle est malade?

POMMEAU.

Non, grâce au ciel! mais il paraît que sa santé demande...

THÉRÈSE.

De l'amusement?

POMMEAU.

Il y a bien quelque chose comme ça, et je t'avoue que son médecin m'a tout l'air d'un directeur de conscience ; mais je n'ai pas chicané l'ordonnance... Qu'elle monte à cheval, je n'y vois pas grand inconvénient, pourvu qu'elle ne tombe pas.

THÉRÈSE.

Elle n'est pas seule à ce manége?...

POMMEAU.

Non pas! elles sont là une douzaine de clientes du même médecin, et madame de Villiers est venue la prendre dans sa voiture.

THÉRÈSE.

Madame de Villiers?

POMMEAU.

Une nouvelle amie dont elle a fait dernièrement connaissance au bal... bonne petite femme, du reste.

THÉRÈSE.

Qui a voiture?

POMMEAU.

Oui : le mari est dans les affaires ; ce sont des gens de plaisir
et de bonne compagnie. Voilà notre amazone.

SCÈNE III.

POMMEAU, SÉRAPHINE, THÉRÈSE.

SÉRAPHINE, en habit de cheval.

Bonjour, Thérèse ; bonjour, M. Pommeau... C'est moi, sans
fracture, rassurez-vous !

THÉRÈSE.

Deux mois de ce régime-là, et nous vous sauverons, j'espère...

SÉRAPHINE.

Vous croyez plaisanter? j'étais triste hier comme un bonnet de
nuit, demandez à M. Pommeau ; le cheval m'a secouée et me
voilà gaie comme pinson ! Il me tarde d'être à jeudi.

POMMEAU.

A jeudi, pourquoi? Ah ! oui ! le bal de Mme Hulin...

THÉRÈSE.

Vous êtes invités aussi?

POMMEAU.

Oui, son frère nous a fait envoyer une invitation.

SÉRAPHINE.

Quel charmant jeune homme que ce M. Bordognon !... En voilà
un qui monte bien à cheval !

THÉRÈSE.

Et qui a des chevaux.

SÉRAPHINE.

Il est bien heureux ! J'adore les chevaux, moi ! (a Pommeau.) Au
fait, dimanche prochain nous allons aux courses de La Marche,
avec Eulalie et son mari...

THÉRÈSE.

Eulalie?

SÉRAPHINE

Madame de Villiers.

THÉRÈSE.

Vous en êtes déjà au nom de baptême?

SÉRAPHINE, à Pommeau.

Nous allons en poste. Vous m'accompagnerez, n'est-ce pas?

POMMEAU.

Mais je ne suis pas assez lié avec tes amis pour accepter une place...

SÉRAPHINE.

Pas du tout : c'est un pique-nique; nous frétons la voiture à frais communs; ne froncez pas le sourcil, c'est une affaire de vingt-cinq francs pour nous deux... Il faut avoir vu cela, monsieur Pommeau ; d'ailleurs, on ne nous rencontre jamais ensemble, et j'ai l'air d'une abandonnée.

POMMEAU.

Soit; j'irai.

SÉRAPHINE.

Je vous demande la permission d'ôter mon amazone, et je suis à vous.

SCÈNE IV.

POMMEAU, THÉRÈSE.

POMMEAU, après un silence, avec embarras.

Elle s'amuse... c'est de son âge.

THÉRÈSE.

Sans aucun doute.

POMMEAU.

Dans tout cela, il n'y a rien que de très-innocent.

THÉRÈSE.

Certes.

POMMEAU.

Et je t'assure qu'elle ne dépense pas au delà de nos moyens.

THÉRÈSE.

Tant mieux. Vous n'avez cependant que dix mille francs de revenu...

POMMEAU.

Un peu plus ! Cette année, avec mes appointements de maître-

clerc et mes travaux en dehors de l'étude, je me suis fait quelque
chose comme huit mille francs; ajoute-s-y mes quatre mille livres
de rente, et tu vois que je puis faire face...

THÉRÈSE.

J'en dépense le double; et vous savez comme nous vivons.

POMMEAU.

Que veux-tu? j'imite les Italiens: je rogne sur ma toilette pour
parer la madone. Puis Séraphine a été élevée par une mère
industrieuse qui lui a appris à faire beaucoup avec peu. Aussi tu
n'imagines pas quels prodiges d'industrie elle opère dans notre
intérieur; tu n'as pas idée de ce que peut accomplir le savoir-
faire à Paris; tu ne te doutes pas des bons marchés inouïs, des
occasions incroyables qu'on y rencontre, pour peu qu'on ait la
patience de chercher. — Cette quête, il est vrai, demande bien
du temps, et tu as un enfant qui réclame tout le tien, tandis
que Séraphine...

THÉRÈSE.

Je vois qu'une moitié de sa vie se passe à composer son luxe,
l'autre moitié à l'étaler; qu'en reste-t-il pour vous, mon ami?

POMMEAU.

Je ne suis pas exigeant.

THÉRÈSE.

Mais je puis l'être pour vous, moi qui vous aime, moi dont la
fortune, dont le bonheur, moi dont toute la vie en somme est
votre ouvrage!

POMMEAU.

Thérèse!

THÉRÈSE.

Ah! tant pis! Vous m'avez donné le droit de me regarder
comme votre fille et de m'inquiéter à mon tour de votre bonheur!
N'est-il pas juste qu'on pense à vous, qui ne songez qu'aux
autres? Je vois avec chagrin que Séraphine, par pure étourderie,
j'en suis convaincue, semble ne pas se souvenir de tout ce
qu'elle vous doit...

POMMEAU.

Elle ne me doit rien, et, à mon sens, c'est moi qui suis son
obligé. Sans elle, mon existence était manquée, et je lui dois
quelques années d'un contentement si parfait qu'il suffit au reste
de mes jours. J'étais entré dans le notariat sans fortune, mais

avec la perspective de tous les clercs de notaire, celle d'un riche mariage qui, un jour, me paierait une charge. De loin, cette routine n'avait rien qui m'effrayât ; je ne me savais pas romanesque : je l'étais, il paraît, car lorsque j'en vins au faire et au prendre, le cœur me faillit ! D'ambition, je n'en avais jamais eu que par boutades ; je fis donc mon deuil du bâton de maréchal et me vouai, avec la résignation d'un caporal anglais, au grade de maître clerc à perpétuité. Du moins, me réservais-je ainsi le droit de disposer de moi à ma guise. Mais ma jeunesse se passa comme toutes les vraies jeunesses ; au moment où la solitude m'aurait pesé, il me vint une fille sous forme de pupille : cette affection me conduisit doucement au delà de la quarantaine, et je ne m'aperçus que j'étais resté garçon que le jour où je te mariai. Ce jour-là, je me trouvai bien seul et bien inutile ; mon existence n'avait plus de but : ce qui m'intéresse le moins au monde, c'est moi, et j'ai besoin de m'intéresser à quelqu'un.

THÉRÈSE.

A qui le dites-vous ? (Ils se lèvent.

POMMEAU.

Je rencontrai Séraphine ; sa mère, malade, allait bientôt la laisser sans appui, sans ressources...

THÉRÈSE.

Avec des dettes...

POMMEAU.

J'avais quatre-vingt mille francs de mon mince patrimoine et de mes économies ; je n'étais plus jeune, mais je n'étais pas vieux ; elle consentit à m'épouser, et je recommençai à vivre. Ne t'inquiète donc pas de mon bonheur : je suis heureux.

THÉRÈSE.

Bien vrai ? Je vous trouve changé, pourtant.

POMMEAU.

Je vieillis !

THÉRÈSE.

Non, vous travaillez trop... parce que Séraphine dépense trop, et voilà ce que je tiendrais à lui faire comprendre.

POMMEAU.

Garde-t'en bien, mon enfant : rien ne me serait aussi douloureux qu'une ombre de mésintelligence entre elle et toi.

THÉRÈSE.

Vous lui faites injure : elle n'est pas femme à mal prendre des observations amicales : la tête est légère, mais le cœur est bon, et lorsqu'elle réfléchira à ce qu'un seul de ses chiffons vous coûte à gagner...

POMMEAU.

Non; elle se priverait, j'en suis certain, et je ne le veux pas... Cela t'étonne, ma chère Thérèse. Ah! s'il y avait plus de rapport d'âge entre Séraphine et moi, je penserais différemment; mais l'intervalle qui nous sépare s'accroît de jour en jour; quand je l'épousai, je touchais au plateau de la vie; maintenant, je descends, elle monte toujours; j'ai eu le tort de ne pas prévoir que nous ne pourrions pas longtemps garder nos distances, et j'ai pris là, à mon insu, une grande responsabilité... J'ai pleine confiance dans la droiture de Séraphine; mais le devoir de tout mari n'est-il pas de rendre à sa femme la vertu facile par le bonheur?... Eh bien, je tâche que la mienne se croie heureuse. Je ne me fais pas d'illusion : elle ne peut avoir pour moi que de l'amitié et de la reconnaissance; je veux au moins qu'elle en ait beaucoup. Voilà pourquoi je lui tolère certaines allures qui jurent un peu avec ma position, et pourquoi aussi je te conjure de ne pas la troubler dans cette frivolité qui lui permet de s'étourdir sur le vide réel de son existence. Tu me comprends, n'est-ce pas?

THÉRÈSE.

Comme vous l'aimez!

POMMEAU.

Oui, et je t'aime bien aussi. (Entre Séraphine. — Tenue de ville.)

SCÈNE V.

POMMEAU, THÉRÈSE, SÉRAPHINE.

SÉRAPHINE, entrant, à Thérèse.

Votre toilette pour jeudi est-elle prête?

THÉRÈSE.

Il y a beau temps... de l'année dernière.

POMMEAU, à Séraphine.

Tu entends?

SÉRAPHINE, à Pommeau.

Non, je n'entends pas... (A Thérèse.) La mienne sera tout uniment un chef-d'œuvre. Figurez-vous...

POMMEAU.

Vous avez à causer fanfreluches, Mesdames, je vous laisse..

SÉRAPHINE.

Vous n'êtes pas de trop.

POMMEAU.

J'ai un petit travail à finir dans mon cabinet... au revoir...
(Il sort.)

SCÈNE VI.

SÉRAPHINE (à la glace), THÉRÈSE.

THÉRÈSE, s'asseyant à gauche.

Votre mari travaille donc le dimanche, maintenant?

SÉRAPHINE, se rapprochant.

Que voulez-vous qu'il fasse tout le long de sa journée?...
(s'asseyant.) Figurez-vous, ma chère, une toilette à faire enrager
Mme Hulin et toutes ses collègues, les notaresses, un tas de mi-
jaurées que je ne puis pas voir, même en peinture... car elles
sont peintes!

THÉRÈSE.

De quelle étoffe sera votre robe?

SÉRAPHINE.

Oh! la robe, n'en parlons pas; c'est la moindre des choses.

THÉRÈSE.

Vous m'effrayez... est-ce que vous aurez des dentelles?

SÉRAPHINE.

C'est mon secret; jeudi, vous en aurez le mot.

THÉRÈSE.

Prenez garde d'être trop belle pour la situation de votre mari..

SÉRAPHINE.

Est-ce qu'on sait que c'est mon mari?

THÉRÈSE.

Il suffit, ce me semble, qu'il le soit; vous avez des mots d'une
naïveté, ma chère belle!...

SÉRAPHINE.

Au fait, M. Pommeau vous a dit que nous comptions sur vous et sur Léon... sur votre mari, veux-je dire, samedi, pour dîner?

THÉRÈSE.

Non, vous avez du monde.

SÉRAPHINE.

Dix personnes, en vous comptant, pas plus. Notre salle à manger n'est pas grande, et j'aime qu'on soit à l'aise chez moi.

THÉRÈSE.

Je pense là-dessus comme vous et ne puis souffrir ces tables toujours trop étroites, autour desquelles certaines maîtresses de maison paient en bloc tous leurs dîners de l'hiver. Recevez ou ne recevez pas, mais permis seulement aux teneurs de tables d'hôte de bénéficier sur le nombre des convives.

SÉRAPHINE.

Nous étrennerons le service dont j'ai dernièrement fait emplette...

THÉRÈSE.

Je sais... votre trouvaille du mois passé.

SÉRAPHINE.

Trouvaille, vous l'avez dit! Un service de table complet, tout neuf; linge, porcelaines, cristaux, et, voyez le hasard! précisément marqué à mon chiffre!

THÉRÈSE.

Singulier hasard, en effet!

SÉRAPHINE.

Et, vous vous souvenez, pour quelques centaines d'écus j'en ai été quitte.

THÉRÈSE.

Il n'y a que vous pour ces découvertes-là.

SÉRAPHINE.

Moi! je suis venue trop tard... J'aurais découvert l'Amérique, si elle eût été à vendre...

THÉRÈSE.

Et vous l'auriez eue pour rien.

SÉRAPHINE.

Mauvaise! — C'est qu'à Paris, voyez-vous, il en est des occa-

1.

sions comme des fraises dans les bois : la première en fait lever mille autres, et il n'y a plus qu'à se baisser pour en prendre.

THÉRÈSE, se levant.

Vous vous fatiguerez.

SÉRAPHINE.

Aussi me reposé-je, maintenant que j'ai mes dentelles.

THÉRÈSE.

Je vous y prends!... Vous en aurez donc?

SÉRAPHINE.

Je ne m'en dédis pas, puisque le mot est lâché. Un point d'Angleterre, haut de ça! Six volants et le corsage, provenant du naufrage de certaine demoiselle fort lancée...

THÉRÈSE.

Quoi! vous ne craignez pas de ramasser les épaves d'une...

SÉRAPHINE.

Pourquoi non?... en faisant blanchir. D'ailleurs, à peine si elles ont été portées... Qu'avez-vous à répondre?

THÉRÈSE.

Qu'elles l'auraient toujours été trop pour moi.

SÉRAPHINE.

Vous êtes fière!...

THÉRÈSE.

Dégoûtée peut-être. J'aime à me sentir chez moi, dans mes habits, complétement chez moi.

SÉRAPHINE.

Je le comprends, mais je ne sais pas résister à une tentation, moi! Et quand on est venu m'offrir ces dentelles...

THÉRÈSE.

Vous me parliez d'une vente...

SÉRAPHINE.

Je m'étais arrangée de façon à les examiner d'abord... je n'a-chète pas chat en poche, et quand il s'agit de quinze cents francs...

THÉRÈSE.

Six volants de dentelle!...

SÉRAPHINE.

Et le reste!

THÉRÈSE.

Ah çà, ma chère, vous vous trompez ou on vous a trompée...

SÉRAPHINE.

Vous prononcerez vous-même, je les aurai ce soir...

THÉRÈSE.

Et les quinze cents francs?

SÉRAPHINE.

Ah! les quinze... Vous ne me gronderez pas, vous ne le direz pas à M. Pommeau...

THÉRÈSE.

Des cachoteries?...

SÉRAPHINE, embarrassée.

Vous savez, il est si bon, il aurait voulu mettre de sa bourse; tandis que... j'avais deux ou trois bijoux de ma mère qui m'embarrassaient...

THÉRÈSE.

Vous ne m'en aviez jamais parlé...

SÉRAPHINE.

Des antiquailles, et je les ai...

THÉRÈSE.

Vendus?...

SÉRAPHINE.

Au poids...

THÉRÈSE.

Mais si votre mari venait à s'enquérir..

SÉRAPHINE.

Il n'a jamais su que je les eusse...

THÉRÈSE.

Lui non plus?

SÉRAPHINE.

J'ai eu raison, n'est-ce pas?... de méchantes pierres montées à faire pitié...

THÉRÈSE.

Ces méchantes pierres venaient de votre mère...

SÉRAPHINE.

Sans doute, mais puisqu'elles n'étaient plus de mode...

THÉRÈSE.

Décidément, nous ne nous entendrons jamais.

SÉRAPHINE.

Pourquoi?

THÉRÈSE.

Encore une idée à moi.

SÉRAPHINE.

Dites toujours.

THÉRÈSE.

Vous admettriez donc, vous étant morte, que vos enfants?...

SÉRAPHINE.

Je n'en sais rien... Je n'ai pas d'enfants, moi!...

THÉRÈSE.

Il n'y a point prescription; n'en désirez-vous pas?

SÉRAPHINE.

Dieu m'en garde! c'est trop assujettissant!

THÉRÈSE.

Si vous le pensez, ne le dites pas! (On sonne; Séraphine remonte; à part.) Je crains bien que l'excellent homme ne dépense plus qu'il ne l'avoue.

BORDOGNON, au dehors.

Ne dérangez pas M. Pommeau...

SÉRAPHINE.

Ah! monsieur Bordognon!...

SCÈNE VII.

BORDOGNON, SÉRAPHINE, THÉRÈSE, puis POMMEAU.

BORDOGNON, à Séraphine.

Madame... (A Thérèse.) Je comptais, en sortant d'ici, vous aller drésenter mes devoirs. Léon ne vous a pas accompagnée, Madame?

THÉRÈSE.

Je l'attends.

BORDOGNON.

Je profiterai donc du rendez-vous.

THÉRÈSE, regardant sa montre.

Mais je commence à craindre...

BORDOGNON, à Séraphine.

Monsieur Pommeau est dans son cabinet, m'a-t-on dit? ... Quel abatteur de besogne! Il eût fait le monde en six jours qu'il ne se fût pas, je gage, reposé le septième...

POMMEAU, survenant.

Et vous auriez gagné, mon cher monsieur Frédéric.

BORDOGNON.

Je regrette vivement qu'on vous ait dérangé.

POMMEAU.

Madame votre sœur est bien charmante d'avoir songé à nous, à nous qui, en somme, n'avons pas l'honneur d'être connus d'elle.

BORDOGNON.

Pas connu dans le notariat, monsieur Pommeau, le pilier d'une des plus grosses charges de Paris, la clef de voûte de cette arche de Noé qu'on appelle une étude?...

THÉRÈSE.

Madame Hulin compte sur beaucoup de monde?

BORDOGNON.

Elle n'aura de monde que ce qu'elle en peut recevoir, Madame, et il n'y aura absolument que les domestiques dans l'antichambre.

SÉRAPHINE.

Ce ne sera pas un bal, alors...

BORDOGNON.

Un bal d'amis, simplement, et non une spéculation d'homme d'affaires.

POMMEAU.

A la bonne heure! J'admets que le patron fasse fête à ses amis, mais donner le bal à la clientèle, fi! c'est affaire aux dentistes! Il faut bien l'avouer, d'ailleurs, mon cher monsieur Frédéric, autrefois on dansait moins, chez les notaires...

BORDOGNON.

Ce qui explique qu'on y levait moins le pied, mon cher monsieur Pommeau.

POMMEAU.

Loin de moi l'intention de dire...

BORDOGNON.

Mon beau-frère lui-même me le disait pour vous, l'autre jour
encore. Vous le connaissez, il n'est point suspect, le garçon!
Quarante mille livres de rente de son patrimoine, autant de celui
de sa femme, en dehors des recouvrements; ce n'est certes pas lui
qui fera jamais un trou à la lune; il ne sait seulement pas qu'elle
existe! Mais il désapprouve, comme tout le monde en somme,
chez plusieurs de ses jeunes confrères, ce luxe de banquier qui
fleure rarement bon. Enclins à débuter comme les autres finissent,
ils s'étalent, ils s'enflent...

POMMEAU.

Ils imitent la grenouille...

BORDOGNON.

Quittes à la manger plus tard; et, ce qui n'est ici qu'une plai-
santerie, n'en a pas toujours été une, malheureusement!

THÉRÈSE.

On ne vous accusera pas, cette fois, d'être paradoxal!...

BORDOGNON, s'asseyant.

Paradoxal, Madame!... Je suis un curieux, voilà tout. Je vis en
voyageur, observant, regardant, prenant ma part de tout sans
me mêler à rien, et ce que vous appelez mes paradoxes, ne sont
tout bêtement que mes impressions de voyages. J'ai fait le tour
du monde comme Scarmentado... mais je ne finirai pas comme
lui...

SÉRAPHINE.

Scarmentado?

BORDOGNON.

Un voyageur forcené qui rentra imprudemment chez lui et fut
marié.

THÉRÈSE.

Vous en viendrez bien là un jour ou l'autre.

BORDOGNON.

Non pas! pour mille raisons. D'abord on se marie toujours
pour payer quelque chose, et je ne dois rien. Ensuite le mariage
est devenu une spéculation ruineuse depuis que les matrones
des douze arrondissements font assaut de luxe et de gaspillage
avec les demoiselles du treizième.

THÉRÈSE.

Demandez des lois somptuaires.

BORDOGNON.

Les femmes demanderaient ma tête. — Enfin...

THÉRÈSE.

Enfin, quoi?...

BORDOGNON, à Pommeau.

Parcourez-vous quelquefois dans le journal la liste des objets
perdus?...

POMMEAU.

Et rapportés à la Préfecture?... Je n'y manque jamais.

BORDOGNON.

Parmi ces objets, n'avez-vous pas été frappé du nombre de
ceux qu'on égare en voiture?

POMMEAU.

Parfaitement...

BORDOGNON.

Et qui semblent, par leur dimension, leur importance ou leur
espèce, défendus de tout oubli pour peu que leur propriétaire soit
de sang-froid?...

POMMEAU.

Oui-da, mais je ne saisis pas...

SÉRAPHINE.

Eh bien? (Bordognon et Pommeau se lèvent.)

BORDOGNON.

Eh bien, voilà principalement pourquoi je ne me marie pas.

THÉRÈSE.

Étrange conclusion!

BORDOGNON.

Elle est logique! On ne saura jamais ce qu'à deux francs
l'heure il s'égare par jour à Paris de petits peignes et de carnets
d'agents de change, de mouchoirs brodés et de trousses de méde-
cins, de bracelets et de portefeuilles d'avocats...

THÉRÈSE.

Je demande grâce pour les avocats.

BORDOGNON.

Je parle des stagiaires, Madame... Tenez! pas plus tard qu'hier...
— Mais je ne sais si je dois continuer.

SÉRAPHINE.

Est-ce que nous écoutons!...

BORDOGNON.

Hé bien, monsieur Pommeau, pas plus tard qu'hier, je fumais mon cigare sur le boulevard... quand débouche, au grand trot, un des plus fringants coupés de Brion, un vrai boudoir sur roulettes... que je connais pour l'avoir habité. A la hauteur du café anglais, l'essieu crie et se rompt...

SÉRAPHINE, se levant.

A la hauteur du...

BORDOGNON.

Ah ! vous écoutez? alors j'abrége. Je ne vous peindrai pas la fuite des deux coupables...

SÉRAPHINE.

Vous les avez reconnus... suivis, veux-je dire?

BORDOGNON.

Non, je suis arrivé trop tard sur le théâtre de l'événement : ils avaient disparu, mais j'ai parfaitement vu le cocher retirer de sa caisse une serviette d'avocat...

THÉRÈSE, se levant aussi.

Ils dînaient donc là-dedans?

POMMEAU.

Ce mot-là t'arrête, toi, fille, femme et pupille d'enfants de la balle? Serviette, au Palais, signifie portefeuille.

THÉRÈSE.

Je m'en souviendrai.

SÉRAPHINE, vivement à Bordognon.

Est-ce que vous allez au Gymnase, vendredi prochain, monsieur Frédéric?...

BORDOGNON.

Si vous le permettez, Mesdames, nous irons. J'aurai une loge. Mais vous ne savez pas à quoi vous vous exposez... la pièce, dit-on, est un peu salée !

POMMEAU.

Bah! le spectacle n'est pas fait pour les demoiselles.

THÉRÈSE.

Mais il y a certaines plaies sociales qu'il est plus sage de te tenir cachées.

POMMEAU.

Pour que la gangrène s'y mette? Non pas! Exposez-les au jour, mais en y portant le fer rouge. La vraie fonction de la comédie n'est pas d'encourager le vice en lui gardant le secret, mais de le flétrir en le démasquant.

SÉRAPHINE.

Et puis, j'aime tant les premières représentations! C'est si difficile d'y avoir des places! Nous irons, n'est-ce pas, monsieur Bordognon? Tant pis pour Thérèse.

POMMEAU.

Tu abuses, ma chère amie; (à Bordognon) en tous cas, il est bien entendu...

BORDOGNON.

Laissez donc, monsieur Pommeau. Qui est-ce qui paie à une première? Les malheureux! — Est-ce convenu, Mesdames?

THÉRÈSE.

Pour moi, je me récuse; après une nuit passée au bal...

POMMEAU.

Nous sommes gens de revue, d'ailleurs. (A Thérèse.) Tu nous quittes? Tu n'attends pas Léon?

THÉRÈSE.

Non, il m'a prévenue, passé quatre heures, de ne plus compter sur lui. (Victoire ouvre la porte à gauche et fait un signe à Séraphine.)

POMMEAU.

Allons! il est écrit que nous ne le verrons plus.

SÉRAPHINE, à Thérèse.

M. Bordognon va vous offrir son bras jusqu'en bas.

BORDOGNON.

Vous me renvoyez, Madame?

SÉRAPHINE.

Aujourd'hui, je ne suis visible que pour mon mari... j'appartiens à mes devoirs.

BORDOGNON, à part.

Le dimanche? Je repasserai dans la semaine. (A Thérèse, lui offrant le bras.) Madame... (Il sort avec Thérèse; Pommeau les reconduit.)

VICTOIRE, bas à Séraphine.

Madame Charlot est là.

SÉRAPHINE, bas.

Tout à l'heure.

POMMEAU, revenant.

Tu veux donc que nous fassions l'école buissonnière, aujour-d'hui?

SÉRAPHINE.

Pas du tout... Je l'ai renvoyé parce qu'il vous dérangeait...

POMMEAU.

Si tu voulais, pourtant...

SÉRAPHINE.

Mais non! J'ai à travailler aussi... j'ai ma robe à faire.

POMMEAU.

Allons, je vais te gagner la garniture. (Il entre dans son cabinet. — Séraphine le suit jusqu'à la porte et donne un tour de clef. — Madame Charlot paraît.)

SCÈNE VIII.

SÉRAPHINE, VICTOIRE, MADAME CHARLOT.

MADAME CHARLOT, entrant par la petite porte.

Votre servante, Madame...

SÉRAPHINE.

Chut!... parlons bas!

MADAME CHARLOT.

M. Pommeau est là?... bien!... Voici vos dentelles... (Elle défait le carton et étale les dentelles.) De la toile d'araignée à prendre des duchesses.

SÉRAPHINE.

La blanchisseuse a été bien longue...

MADAME CHARLOT.

Oui, mais elles sont comme neuves.

SÉRAPHINE.

Superbes! Regarde donc, Victoire...

VICTOIRE.

Pardi! c'est de l'Angleterre... on en a vu.

MADAME CHARLOT.

Il paraît qu'elle a vu de tout, la bonne.

VICTOIRE.

Je vous ai déjà dit qu'on m'appelait Victoire.

MADAME CHARLOT.

C'est la devise du Français, ma reine. — Madame est contente?

SÉRAPHINE.

Enchantée!

MADAME CHARLOT.

Madame veut-elle que nous parlions du prix?

SÉRAPHINE.

Trois mille francs; c'est convenu.

MADAME CHARLOT.

Qui font dix, avec les sept que madame me doit déjà, et dont le billet échoit vendredi prochain.

SÉRAPHINE.

Je ne l'ai pas oublié.

VICTOIRE.

Si tout le monde était aussi exact que madame...

MADAME CHARLOT.

Si je me permets de le lui rappeler, c'est que j'ai moi-même besoin de mes fonds ce jour-là.

SÉRAPHINE.

Vous avez préparé le nouveau billet?

MADAME CHARLOT.

Oui, Madame.

SÉRAPHINE.

Donnez, que je signe.

MADAME CHARLOT.

Mon Dieu! c'est que... je suis obligée de demander à madame de me payer le tout ensemble.

SÉRAPHINE.

Le tout... vendredi?...

MADAME CHARLOT.

A deux heures!... car à trois j'ai donné rendez-vous à mes fournisseurs, pour régler avez eux.

SÉRAPHINE.

Vendredi, Victoire!...

VICTOIRE.

Dans cinq jours?... en voilà de l'usure! (Elle remonte.)

MADAME CHARLOT.

Mettons qu'il n'y a rien de fait... j'ai le placement de ces objets-là, au comptant... Je donnais la préférence à madame, mais...

SÉRAPHINE, l'arrêtant.

Mais vous me mettez le couteau sur la gorge : on ne traite pas ainsi une cliente de trois ans!

VICTOIRE, montrant le cabinet de Pommeau.

Chut!... plus bas donc, Madame...

SÉRAPHINE.

Laisse donc... il travaille. (A madame Charlot.) Vous m'accorderez bien un délai pour cette dernière somme!

MADAME CHARLOT.

Pourquoi faire? Il faudra toujours déposer le bilan, n'est-ce pas? Êtes-vous jeune, mon Dieu! Ne pas connaître encore l'art de tirer des... quenottes à son mari! Mais croyez-moi donc : il ne criera pas plus pour une bonne molaire de dix mille que pour deux petites dents de l'œil à cinq mille pièce... Eh! vite! faites-moi d'une pierre deux coups, et vive la joie! C'est encore lui qui vous devra des remercîments!

VICTOIRE.

Comme ça, vous lui aurez du moins économisé du mauvais sang...

SÉRAPHINE.

Ma foi! (Elle signe.)

VICTOIRE.

Où il y a de la gêne, il n'y a pas de plaisir!

MADAME CHARLOT.

Et où il y a du plaisir, il n'y a pas de gêne!...

VICTOIRE, l'œil à la serrure du cabinet, à Séraphine.

Le voilà!... courez donc l'amuser, que madame s'en aille.

SÉRAPHINE.

A vendredi!... (Elle remonte... à part.) Je ne suis pas superstitieuse, heureusement! (Elle sort.)

SCÈNE IX.

MADAME CHARLOT, VICTOIRE.

MADAME CHARLOT.

Mariez-vous donc à Paris! Tiens, Victoire, voilà pour toi!...
(Elle lui donne vingt francs).

VICTOIRE.

Quand la maîtresse fait des dettes, la bonne fait sa dot.

MADAME CHARLOT, sur le seuil de la porte.

Eh bien! quand tu te marieras, viens me trouver; je loue des couronnes...

VICTOIRE.

Merci! je ne suis pas de Nanterre! (La toile tombe.)

FIN DU PREMIER ACTE.

ACTE DEUXIÈME

SCÈNE PREMIÈRE.

BORDOGNON et **LÉON**, assis à la table, à gauche.

LÉON.

Voilà mon reçu.

BORDOGNON.

Un reçu pour quelques méchants écus que je te prête? Ai-je l'air d'un portier, d'un huissier, d'un marchand d'encre enfin? (Déchirant le papier, puis se flairant les doigts.) Pouah!... tu me rendras le tout ensemble à loisir; si je déménage avant toi, je te donne quittance pour vacation à mes obsèques; si au contraire tu pars le premier, adieu les emprunts, autant de gagné... soit dit en plaisantant, mon cher Léon.

LÉON.

Je l'entends bien ainsi.

BORDOGNON.

Je ne te demande pas des nouvelles de ta femme, je l'ai vue hier chez madame Séraphine... dont je raffole toujours, comme tu sais. (Il se lève.)

LÉON.

Thérèse va bien, merci... Tu me quittes? (Il se lève.)

BORDOGNON.

Tel que tu me vois, je vais donner congé à ma propriétaire.

LÉON.

Est-ce que ta maison n'est plus à toi, par hasard?

BORDOGNON.

Nigaud! à la propriétaire de mon cœur : elle veut m'augmenter, je résilie.

LÉON.

Tu as donc quelque chose en vue?

BORDOGNON.

Eh! je compte bien ne pas rester sur le pavé.

LÉON.

Peut-on te demander sur quelle fortunée mortelle tu as jeté ton dévolu?

BORDOGNON.

Sans indiscrétion? non.

LÉON.

Ce ne serait point sur madame Pommeau?

BORDOGNON.

Si on te le demande, tu répondras que tu ne sais pas.

LÉON.

Mais, je te répondrai à toi que je tiens à le savoir, vu qu'à aucun prix je ne souffrirais que tu portasses le trouble dans un ménage dont le repos importe au mien.

BORDOGNON.

Là! là! ne nous fâchons pas! j'en voudrais au front du révérend Pommeau, ce traînard de la vieille bourgeoisie, ce spécimen de la vertu campé dans notre siècle comme une image sur un tombeau? Fi! tu me connais mal! — Seulement, soit dit pour ta gouverne, si ton repos dépend des faits et gestes de dame Séraphinette, tu ne dois pas être tranquille.

LÉON.

Frédéric, je t'en prie...

BORDOGNON.

Laisse-moi donc la paix avec tes airs pudiques!... Si je devenais son amant, je ne jurerais pas que je fusse le second, mais je te jure bien que je ne serais pas le premier.

LÉON.

D'où le sais-tu? de pareilles imputations ne s'avancent pas sans preuves, et...

BORDOGNON.

Les preuves? elles sautent aux yeux. Son luxe est un aveu, sa garde-robe un dossier, et je ne voudrais qu'une seule de ses toilettes pour la faire pendre, si l'on pendait pour ça! Bref

Séraphine, puisque Séraphine il y a, appartient à cette catégorie de parisiennes mariées, que j'appelle, moi, les lionnes pauvres !

LÉON.

Les lionnes pauvres ?

BORDOGNON.

Oui, mon cher.

LÉON, s'asseyant sur le bord de la table.

Quand tu désireras que je te comprenne, tu t'expliqueras.

BORDOGNON.

Tout de suite !... Qu'est-ce qu'une lionne dans cet argot qu'on nomme le langage du monde ? Une femme à la mode, n'est-ce pas, c'est-à-dire un de ces dandys femelles qu'on rencontre invariablement où il est de bon ton de se montrer, aux courses, au bois de Boulogne, aux premières représentations, partout enfin où les sots tâchent de persuader qu'ils ont trop d'argent aux envieux qui n'en ont pas assez... Ajoute une pointe d'excentricité, tu as la lionne : supprime la fortune, tu as la lionne pauvre.

LÉON.

Comment ! il n'y a pas d'autre différence entre les deux ?

BORDOGNON.

Ah ! si... il y a le caissier ! Pour les premières, c'est le mari ; pour les autres... Bref, ces deux variétés fleurissent simultanément à tous les étages de la société, et duchesse ou bourgeoise, de dix à cent mille francs de rente, la lionne pauvre commence où la fortune du mari cesse d'être en rapport avec l'étalage de la femme. Tu as compris ? oui, bonjour !...

LÉON, se levant et l'arrêtant.

Eh ! mon cher, il y a pour les femmes des moyens moins honteux de dépenser plus d'argent que ne leur en alloue le mari ; et l'anse du panier...

BORDOGNON.

En effet, l'anse du panier... c'est par elle qu'on entre en danse. Tant que la lionne en question est honnête, le mari paie dix centimes les petits pains d'un sou ; du jour où elle ne l'est plus, il paie un sou les petits pains de dix centimes. Elle a débuté par voler la communauté, elle l'achève en l'enrichissant.

LÉON.

Je ne te croyais pas si fort !

BORDOGNON.

L'expérience, la pratique ! On fait ses classes au collége, on ne fait ses humanités que dans le monde ! — Moi, Frédéric Bordognon... Bordognon ! fils cadet d'un marchand d'huile, rue de la Verrerie, à l'enseigne des Trois Olives, si je te racontais mon odyssée galante ! J'ai rudoyé des femmes dont les laquais n'auraient pas salué mon père... Du train dont vont celles-là, l'adultère simple et sans tour de bâton deviendra une vertu !... Chez elles, pudeur, désintéressement, amour, autant de préjugés évanouis, neige fondue sous les piétinements d'un luxe rapace et besoigneux, un dégel dans un égout !

LÉON.

Fais-moi grâce de ton scepticisme de pacotille ! (Il s'assied.

BORDOGNON.

De pacotille ! J'ai vu tout ça et j'ai trente ans !

LÉON.

Aussi, tu as la patte d'oie !

BORDOGNON , frappant de la main sur la botte de Léon.

Et toi donc ! naïf !

LÉON , sèchement.

Mon cher, il y a autant de naïveté à voir partout le mal qu'à voir partout le bien ! Pour ma part, devant un homme de la probité de M. Pommeau, je n'admets pas, quelles que soient les apparences, qu'on puisse accuser sa femme d'un trafic... impossible sans la connivence du mari.

BORDOGNON.

Parles-tu sérieusement ?

LÉON.

Très-sérieusement.

BORDOGNON.

Mais, simplette, tu en es donc encore à savoir qu'il y a des grâces d'état pour tous les états, et notamment pour celui du vénérable Pommeau ? Non, certes, il ne se doute de rien, le cher homme, et jamais de rien ne se doutera... Ces pauvres maris sont si innocents ! ils s'extasient sur les progrès de la fabrication, le bon marché de la main-d'œuvre, le bas prix des soies, la fraîcheur des cachemires soi-disant de rencontre, qu'on a toujours pour rien... Quant au procédé, ils n'y voient que du feu.

et ne soupçonnent pas qu'il soit jamais entré chez eux un écu
clandestin. Eh bien! je gagerais que madame Séraphine, bon an
mal an, introduit dans son ménage six ou sept mille de ces hypo-
crites là!

LÉON , se levant vivement.

Cette insistance à la mettre en jeu est d'un goût détestable.

BORDOGNON.

Oh! oh! tu deviens aigre... n'en parlons plus. En somme, je
suis totalement désintéressé dans la question.

LÉON.

Et moi, donc? crois-tu que je défende ici autre chose que la
vérité?

BORDOGNON.

Tu la défends passionnément en tout cas!

LÉON.

C'est que tu es absurde! Espères-tu me faire accroire...

BORDOGNON.

Pour le coup, c'est toi qui y reviens.

LÉON.

Eh bien, oui, j'y reviens. — Qu'une femme introduise chez
elle un amant déguisé, la chose est faisable, encore qu'elle ne se
fasse plus; mais déguiser vingt mille francs sur le livre de dépense, le moyen, dis : tu m'obligeras !

BORDOGNON.

X., Z. et sa femme, fable... tirée de la *Gazette des Tribunaux*. Madame Z. arrache de Z. son époux, à grand renfort
de chatteries, une rivière de diamants faux, ci... 1,000 fr.; cinq
ans plus tard, elle meurt. — Z., après les cours instants donnés
à cette perte douloureuse, songe à revendre sa rivière ; il court
chez son bijoutier; celui-ci examine et offre d'emblée 30,000 fr.
Différence : 29,000. — Qui fut stupéfait à bon droit de la plus-
value? Z.; le mot de la transmutation? les visites fréquentes de
X. chez Z., du vivant de la défunte, l'état enfin de X., agent de
change, à preuve qu'il paie les différences! — Qu'en dis-tu?
Ainsi du reste! — Les hommes boursicotent, les femmes trafico-
tent, c'est dans l'air! — D'ailleurs, ces turpitudes ne sont plus
que le secret de polichinelle : d'une part, envie de ce qu'on n'a
pas; de l'autre, fureur de paraître posséder plus qu'on n'a; orgueil, vanité, crinoline, parbleu ! voilà qui explique tout !

LÉON.

Mais qui n'explique pas l'application malséante que tu fais de
tes petites théories perverses à une amie intime de ma femme,
qu'à ce titre seul tu devrais respecter.

BORDOGNON.

Dis donc, mon camarade, m'est avis que je la respecte plus
que toi.

LÉON.

C'est-à-dire...

BORDOGNON.

Que tu la défends comme un complice.

LÉON.

Tu es fou!

BORDOGNON.

Pas si fou! — Tiens! ta situation est excellente; ta femme a
de l'ordre, tu n'es pas un mangeur, et pourtant tu es obligé à
des emprunts, soit dit sans reproche. Donc tu nourris un vice
caché.

LÉON, embarrassé.

J'ai fait de fausses spéculations, là! es-tu content? garde-moi
le secret.

BORDOGNON.

Merci! ta confiance m'honore! (A part.) Gros malin, va! (Haut,
avec une feinte bonhomie.) Je me disais aussi, l'ami Léon n'est pas de
ces cornichons tout confits dans leur amour-propre, qui ont toujours la main à la poche et se croient aimés pour eux-mêmes...
car l'attrait de ce genre de bonnes fortunes, la supériorité de la
lionne pauvre sur la femme galante, c'est que son bailleur de fonds
peut se prendre et se prend toujours pour un Lovelace!

LÉON.

Il faudrait être bien obtus pour se faire illusion sur un marché
si flagrant.

BORDOGNON.

Flagrant! comment crois-tu donc que cela se passe, sur le
comptoir? Fi donc! Il n'y a préméditation de part ni d'autre.
Toute liaison au début est une pastorale : on aime! Les petits
cadeaux entretenant l'amitié, bonbons et bouquets pleuvent chez
la bergère; à merveille! puis, on risque un bijou, deux bijoux,

trois bijoux, qu'à titre de souvenir agrée encore la belle... on aime! mais un jour, déficit au budget, et le *pastor fido* d'offrir certains joyaux toujours de mode, dont le monopole appartient à l'État. La pastourelle s'indigne, notre homme la persuade, grâce à un tas de balivernes usées, où le sophisme le dispute à l'absurde; elle se rend et consent enfin à s'immoler... On aime ou on n'aime pas; elle aime et elle accepte.

LÉON, avec dépit.

Somme toute, il n'y a rien là qui ressemble à un marché.

BORDOGNON.

Attends donc! La femme qui a commencé par accepter, finit par demander, et une fois sur cette pente, leur aventure devient un ménage, avec tous ses tiraillements, ses aigreurs; l'amour s'en va, et de fil en aiguille, ils ne s'aperçoivent pas, l'une qu'elle reçoit de l'argent d'un homme qu'elle n'aime plus, l'autre qu'avec ses petits cadeaux ce n'est plus l'amitié qu'il entretient!

LÉON, la tête basse.

C'est vrai! mais le jour où il s'en aperçoit...

BORDOGNON.

Ah! ah! On dirait que je viens de te faire tomber les écailles des yeux... Je ne te demande rien. Défiance entière et réciproque, c'est la devise de l'amitié. Je vais donner mon congé. (A part.) J'emménagerai au terme! (Haut.) Bonjour. (Il sort.)

SCÈNE II.

LÉON, seul, puis THÉRÈSE.

LÉON.

Il fallait que cet écervelé vint me remettre le doigt sur la plaie! (Il s'assied à droite, Thérèse paraît.) Thérèse! Je ne puis plus la voir sans que mon cœur se serre!

THÉRÈSE.

M. Frédéric est parti; qu'avait-il à te dire?

LÉON.

Bonjour, tout uniment; il passait devant la porte, il est monté me serrer la main.

THÉRÈSE.

Il y a mis le temps!

LÉON.

Est-ce qu'il en finit jamais?

THÉRÈSE.

Il ne manque pas d'esprit.

LÉON.

Par malheur! avec une langue comme la sienne l'esprit est dangereux à l'égal d'une arme chargée dans les mains d'un enfant.

THÉRÈSE.

Il est obligeant d'ailleurs!

LÉON, se levant.

Avec son obligeance il m'a fait perdre ma matinée. — Nous n'irons pas au spectacle vendredi, n'est-ce pas?

THÉRÈSE.

J'ai déjà refusé, mais que ceci ne t'empêche pas de profiter de la loge, si le cœur t'en dit.

LÉON.

Sans toi, à quoi bon?

THÉRÈSE.

Séraphine y sera, M. Pommeau aussi, et si la pièce ne suffit pas à te distraire...

LÉON.

De Charybde en Scylla! Jolie distraction que la conversation de Séraphine... et de ce patriarche de la basoche, doublé de pédadogue.

THÉRÈSE, l'arrêtant.

Sans t'en apercevoir, mon ami, tu deviens dur pour mon tuteur : c'est assez de le négliger comme tu le fais; ménage-le, je t'en prie. L'habitude innocente de railler les meilleures gens fait qu'à son insu on ne les accueille plus avec le même respect, qui, peu à peu, se perd dans leur entourage. Séraphine, lorsqu'elle l'épousa, avait pour lui des attentions délicates qu'elle n'a plus aujourd'hui, et je ne voudrais pas que ton exemple entrât pour quelque chose dans les airs souvent trop cavaliers qu'elle affecte avec lui!

LÉON.

Qu'elle agisse comme elle l'entend, ce n'est pas mon affaire, et je ne sais pourquoi depuis quelque temps tu affectes toi-même de me poser en agent responsable des fantaisies de madame Pommeau. (Il s'assied à droite.)

2.

THÉRÈSE.

J'ai tort, je le veux bien, mais je tiens tant au bonheur de ce digne homme à qui je dois le nôtre, que j'en suis plus inquiète qu'il n'en est jaloux. Il est si bon !

LÉON.

Un ange ! c'est convenu.

THÉRÈSE, après un silence.

Un cœur simple et tendre, un esprit droit et sûr, une loyauté royale, n'est-ce pas, pour nous qui l'avons vu à l'œuvre, de quoi racheter quelques travers naïfs?... Mon cher Léon, les méchantes gens n'ont pas de ridicules.

LÉON.

Te voilà partie !

THÉRÈSE, se rapprochant de lui.

Eh bien, oui, tu oublies trop souvent, je tiens à te le répéter, que ce patriarche de la basoche, comme il te plaît de l'appeler, t'a tendu la main à tes débuts, m'a élevée, nourrie, tenu lieu de tout ce que j'ai perdu, et mariée enfin, mariée à toi que j'aimais et que sans lui sans doute je n'aurais pu épouser. Le jour où j'entrai sous sa tutelle, j'étais presque pauvre ; le jour où j'en sortis, j'étais presque riche. Cet homme, que le soin d'intérêts étrangers laissa toujours indifférent aux siens, n'est guère plus opulent aujourd'hui qu'il ne l'était il y a vingt ans; mais le jour de notre contrat, mon ami, je t'apportais deux cent mille francs, et comme je me récriais : « Ils sont à toi, ma fille, dit-il en m'embrassant, bien à toi... car tout seul et pour moi, je ne les eusse jamais gagnés ! » Quelques-uns de ses ridicules ont pu te frapper depuis, mais à ce moment-là tu ne les voyais pas, car tu avais aussi des larmes dans les yeux !

LÉON.

Pourquoi me rappeler des obligations...

THÉRÈSE.

Si je te les rappelle, c'est qu'il ne s'en souvient pas.

LÉON, se levant.

Je m'en souviens, moi ! mais l'heure me presse, j'ai affaire au Palais ; avais-tu quelque chose à me demander?

THÉRÈSE, avec embarras.

Le mois finit demain, j'ai les gages des domestiques...

LÉON.

Tu n'as plus d'argent?

THÉRÈSE.

Plus un sou.

LÉON, ouvrant son bureau.

De l'argent! je n'en ai pas.

THÉRÈSE.

Forge-s-en! Les femmes n'entrent pas dans ces détails-là.

LÉON.

Ton fils me coûte des sommes folles...

THÉRÈSE.

C'est de l'argent placé, celui-là, mon ami.

LÉON, lui donnant des billets qu'il tire de son bureau.

Tiens! est-ce assez?

THÉRÈSE.

C'est trop!

LÉON, avec tendresse.

Prends toujours, je ne veux pas que tu souffres non plus...
mais veille, je t'en conjure, veille de près.

THÉRÈSE.

Rapporte-t'en à moi! Remarque d'ailleurs que loin d'excéder
le chiffre des années précédentes...

LÉON, cherchant sur son bureau.

Allons, bon! voilà que je ne trouve plus ma serviette!

THÉRÈSE.

Ton portefeuille!

LÉON.

Tu ne l'as pas vu?...

THÉRÈSE.

Tu sais bien que je n'entre jamais ici.

LÉON.

Ce n'est pas toi que j'accuse; mais tes domestiques ont la
manie de toujours toucher à ce qui m'appartient. Mes dossiers
qui sont dedans! — Je leur ai défendu cent fois de déranger mes
papiers, c'est comme si je chantais! qu'ils mettent de l'ordre
chez toi, ma chère amie, mais qu'ils respectent le désordre de
mon cabinet.

THÉRÈSE.

Mais je te répète...

LÉON, bouleversant tout.

Il ne s'est pas envolé pourtant, ce portefeuille! Plaidez donc, maintenant! me voilà joli garçon!

THÉRÈSE.

Veux-tu que je sonne? peut-être que Joseph...

LÉON, frappé d'une idée, vivement.

Non!... ce n'est pas la peine; plus tard... je n'ai pas le temps!

THÉRÈSE.

Ces papiers indispensables...

LÉON.

Que veux-tu? je m'en passerai... A tantôt!

THÉRÈSE.

Mais en cherchant bien...

LÉON, sortant brusquement.

C'est bon! c'est bon! te dis-je! Il se retrouvera. (Il sort. — Thérèse, restée seule, se met à chercher avec une sorte de fureur pendant quelques secondes, s'arrêtant, allant et venant en silence.)

SCÈNE III.

POMMEAU, THÉRÈSE.

POMMEAU.

C'est moi, ma chère enfant; le patron m'a donné congé en me gratifiant d'un billet pour l'exposition des fleurs. Le père Thomas, l'invalide de l'étude, a couru prévenir Séraphine, et je viens te prendre avec la permission de ton mari. — Qu'est-ce que tu cherches donc avec cette fureur? un coupon de rentes de cent mille francs?

THÉRÈSE.

Rien! (A elle-même.) Il faut qu'il soit dans la chambre... C'est impossible! je suis folle!

POMMEAU.

Qu'est-ce qu'il y a donc?

THÉRÈSE, montrant les billets qu'elle tient à la main.

Un de ces billets que je croyais égaré.

POMMEAU.

Et que tu tenais à la main... histoire de Martin qui cherche son âne et qui est monté dessus.— Peste ! maître Léon est généreux ! On voit bien que le gaillard gagne des mille et des cents.

THÉRÈSE.

Ce n'est pas ce qu'il dit.

POMMEAU.

Il a dû encaisser trente mille francs cette année et haut la main !

THÉRÈSE.

Trente mille francs !

POMMEAU.

Et haut la main !

THÉRÈSE.

Je ne l'aurais pas cru.

POMMEAU.

Est-ce qu'il est gêné ?

THÉRÈSE, pensive.

Il ne joue pas, ses goûts sont aussi simples que les miens, et, vous l'avouerai-je ? j'éprouve autant d'embarras maintenant à lui demander de l'argent qu'un mauvais débiteur à en emprunter. Lui, si exact autrefois, renvoie, rudoie, ne règle ses fournisseurs que de guerre lasse, et je le dis à vous, mon ami, j'ai surpris l'autre jour certain papier timbré...

POMMEAU.

Un commandement, est-ce possible ? Ne te mets pas martel en tête et compte sur moi... Il n'y a qu'un pas de la rue Richelieu à la Bourse !

THÉRÈSE.

A la Bourse ? Il n'y met jamais le pied.

POMMEAU.

Je le verrai, je l'interrogerai, et je saurai, je te le promets, de quoi il retourne.

THÉRÈSE, vivement.

Oui, je vous en prie, que j'en aie le cœur net, et eût-il perdu toute notre fortune, qu'il parle ; je me tiendrai encore trop riche, s'il me reste.

POMMEAU.

De quel ton tu me dis cela !... quel feu ! toujours la même.

THÉRÈSE.

Prenez un journal, je vais prendre un châle, un chapeau...
Joseph entre, une note à la main.)

SCÈNE IV.

THÉRÈSE, POMMEAU, JOSEPH, une lettre pliée en quatre
à la main.

THÉRÈSE, à Joseph.

Que voulez-vous?

JOSEPH.

C'est une facture dont on vient toucher le montant, Madame.

THÉRÈSE.

Elle est au nom de monsieur; répondez qu'il est sorti.

JOSEPH.

On est déjà venu plusieurs fois, et monsieur a promis...

POMMEAU, assis, bas à Thérèse.

Manques-tu d'argent? Non. Paie en ce cas ; il ne faut pas que
es marchands aient à revenir.

THÉRÈSE.

C'est vrai ! (ouvrant, à part.) Une note de modiste ! (Lisant, à part
pendant que Pommeau parcourt le journal.) Chapeau en tulle blanc, forme
Marie Stuart.................................... 60 fr.   »
   Blonde, ornements, garnitures.............. 50 fr.   »
   Plumes dessous et dessus................... 40 fr.   »
                         Total.........:.. 150 fr.   »

Il y a erreur d'adresse.

JOSEPH.

Pour ça, non, Madame, j'étais là quand monsieur a dit de
repasser.

THÉRÈSE, atterrée.

Ah ! — Il y a 150 francs à prendre. (Elle lui remet un billet; le domestique sort.)

SCÈNE V.

POMMEAU, THÉRÈSE.

POMMEAU.

Cent cinquante francs!... quoi donc?

THÉRÈSE.

Un chapeau !

POMMEAU.

Un chapeau ?

THÉRÈSE, elle s'assied.

Oh! je sentais bien que je ne me trompais pas !

POMMEAU.

Ce n'est pas pour toi?

THÉRÈSE.

Pour moi? je porte des chapeaux de 25 francs, moi! je regarde à m'acheter une robe, épargnant sou à sou, vivant comme une recluse, marchandant avec le besoin comme une autre avec le plaisir, pour que mon mari gaspille avec des maîtresses une fortune qui est celle de son fils en somme... de son fils, dont il exploite le nom pour m'aveugler, et dont il ose impudemment se servir comme d'un paravent à ses débauches !

POMMEAU.

Thérèse, je ne t'ai jamais vu ainsi...

THÉRÈSE.

Vous me demandiez ce que je cherchais tout à l'heure? Eh bien, c'était son portefeuille! Ce portefeuille oublié en voiture, avant-hier, vous vous souvenez, n'est-ce pas? c'était le sien.

POMMEAU.

Le sien?

THÉRÈSE.

Si je n'en étais sûre, (montrant la note) je n'en voudrais pas d'autre preuve.

POMMEAU.

Tu perds la tête! Léon est à ses affaires et non à ces sottises. D'ailleurs, il n'y a pas qu'un portefeuille au monde.

THÉRÈSE.

Et cette note, encore une fois, cette note? Je m'explique à pré-

sent qu'il soit gêné ! Puis, à quoi bon tenter de me donner le
change ? Il était en train de bousculer tout, grondant, m'accu-
sant, n'écoutant rien, quand soudain il s'arrête, change de ton,
se calme, et disparaît plus vite cent fois que s'il l'eût trouvé...
Il sait bien où il l'a laissé, allez! il n'y a que mon bonheur de
perdu ! Oh ! ce n'est pas d'aujourd'hui que je le soupçonnais !

POMMEAU.

Mais à quoi le soupçonnais-tu ?

THÉRÈSE.

Est-ce qu'on sait ! à tout ! — Ah ! je suis bien aise de le savoir !
Imbécile, qui me privais pour défrayer les exigences d'une co-
quine ! Dupe qu'on décorait du beau nom de victime ! Va, brûle
tes nuits à combiner des expédients d'avare, file comme une mer-
cenaire le manteau de ton fils, pour que son joyeux père en fasse
un couvre-pied au lit de sa maîtresse ! (Elle se lève.)

POMMEAU.

Ma fille, point de ces colères que tu regretterais plus tard ; ré-
fléchis.

THÉRÈSE.

C'est tout réfléchi. Supposez vous-même, vous qui vous reprochez comme un vol fait au bien-être d'une autre dix minutes de
loisir, vous qui ne vivez que pour elle et par elle, supposez que
vous vissiez rouler au bras de quelque infâme... — Vous me com-
prenez, vous ! — Mais il ne me retrouvera plus ici ! Je ne veux pas
le voir! que celle qui m'a chassée de son cœur prenne aussi ma
place dans sa maison. La malheureuse ! le partage lui suffisait à
elle !

POMMEAU.

Mais tu n'es plus seule et...

THÉRÈSE.

Mon fils! Oh! je l'emmène ! qu'il ose me le disputer... mon
fils!... le bel exemple à lui laisser sous les yeux !

POMMEAU.

Je t'en supplie...

THÉRÈSE.

Je n'écoute rien ! la séparation est accomplie ; s'il veut plaider
nous plaiderons! à aucun prix je ne subirai cette complicité.

POMMEAU.

Le bruit ne profite à personne. moins encore à ceux qui le font;
votre intérêt, votre avenir à tous, la carrière de Léon...

THÉRÈSE.

Je m'en moque bien à présent!... Le grand mal, en effet, que cette fille dût se passer de chapeaux de 150 francs!... une pièce à mettre au dossier que cette note... Lisez donc! (Elle la lui donne.)

POMMEAU.

On vient! si c'était lui?

THÉRÈSE, tombant sur une chaise.

Vous la lirez tout haut!

SCÈNE VI.

LES MÊMES, SÉRAPHINE avec le chapeau décrit dans la facture de la modiste.

SÉRAPHINE, à Pommeau.

Me voilà... partons-nous? Vous ne direz pas que j'ai été longue à m'habiller cette fois! Bonjour Thérèse. Vous n'êtes pas prête? Dépêchez-vous; dépêchez-vous donc!

THÉRÈSE, les yeux baissés.

Oui.

SÉRAPHINE.

Nous arriverons pour la fermeture.

THÉRÈSE, levant les yeux.

Allez-y sans moi... j'ai dit à votre mari...

SÉRAPHINE, se retournant vers la glace à gauche.

Songez donc! aujourd'hui précisément, jour réservé.

THÉRÈSE, dont l'œil ne quitte plus le chapeau de Séraphine depuis quelques secondes, se lève tout à coup en poussant un cri; elle voit Pommeau à côté d'elle sur le point de lire la facture qu'il a dépliée; elle la lui arrache violemment et lui dit d'une voix sourde :

Pas un mot à Léon... à personne; je veux réfléchir.

SÉRAPHINE, à Thérèse.

Qu'est-ce que vous avez, ma chère amie!

POMMEAU.

Ne la fatigue pas... elle est un peu souffrante... la migraine. (A Thérèse.) Si tu m'en croyais, tu prendrais un châle, tu viendrais avec nous; le grand air te soulagerait peut-être, et la distraction...

SÉRAPHINE, s'approchant.

Vous qui aimez tant les fleurs !

THÉRÈSE, se reculant jusqu'à Pommeau.

Je préfère rester.

POMMEAU.

Un peu de courage.

THÉRÈSE.

Du courage! Je vous jure que j'en ai plus que vous ne croyez.

SÉRAPHINE, à Thérèse.

C'est mon chapeau que vous regardez?

THÉRÈSE, vivement.

Non !

SÉRAPHINE.

Allons! Un effort, ma belle Thérèse !

THÉRÈSE.

Je reste, vous dis-je. (Bas à Pommeau.) Emmenez-là, j'ai besoin d'être seule, et pas un mot surtout !

POMMEAU, bas à Thérèse.

Je te le promets. (A Séraphine.) On nous renvoie, mon minet.

SÉRAPHINE.

Adieu, Thérèse ! soignez-vous bien ! adieu !

POMMEAU.

Embrasse-la donc ! (Séraphine tend son front à Thérèse qui, sous le regard de Pommeau, l'effleure du bout des lèvres et reste immobile.)

SÉRAPHINE.

A bientôt !

POMMEAU, à Séraphine.

En route ! mauvaise troupe!... (Séraphine passe la première et sort. Pommeau, sur la porte.) Ah ! mes gants que j'oubliais ! (A Thérèse, qui a repris la facture et la cache dès qu'il reparait.) Voyons, ne te rends pas malade! Sois raisonnable ! tance-le, gronde-le, mais pour cette fois point de scandale!...

THÉRÈSE.

Ne craignez rien, mon ami. (Elle tombe dans ses bras en sanglotant.)

POMMEAU.

Et s'il y a du nouveau, écris, je suis là.

THÉRÈSE.

Oui... merci! (Pommeau sort, Thérèse reste seule.)

THÉRÈSE, ouvrant la facture, qu'elle lit avec une attention fiévreuse.

Voyons... je suis folle... jamais Séraphine... Si! c'est elle, bien elle!... aveugle que j'étais!... Béni soit Dieu, pourtant! son mari ne sait rien... qu'il ne sache jamais... que je sois seule à souffrir!

FIN DU DEUXIÈME ACTE.

ACTE TROISIÈME

Bal chez Henriette. Boudoir donnant sur des salons;
cheminée au fond, entre deux portes; porte à droite au premier plan; tables de jeu,
canapé à gauche.

SCÈNE PREMIÈRE.

SÉRAPHINE, BORDOGNON, entrant. INVITÉS, allant,
venant, jouant.

SÉRAPHINE, achevant une glace.

Vous êtes compromettant, savez-vous?

BORDOGNON.

Est-ce ma faute si vous êtes adorable et si je vous adore?

SÉRAPHINE.

Voulez-vous bien vous taire ou ne pas parler si haut.

BORDOGNON.

Parlons bas, j'aime autant ça.

1er INVITÉ, à son voisin, montrant Séraphine.

Est-elle jolie, hein?

2e INVITÉ.

Jolie femme et jolie toilette! quelque duchesse en maraude!...

3e INVITÉ, survenant et entrant sur les derniers mots.

Une duchesse! où ça?

2e INVITÉ, montrant Bordognon.

Devant toi... Bordognon la serre de près.

3e INVITÉ.

Ça, une duchesse? c'est la femme de mon principal, mon *ppl...*,
un maître clerc invétéré, une espèce de crétin qui mourra dans
la cléricature finale.

1er INVITÉ.

Il est donc riche?

3ᵉ INVITÉ.

Lui? il a ses appointements.

1ᵉʳ INVITÉ.

Qui est-ce qui habille sa femme, alors!

2ᵉ INVITÉ.

Et moi qui n'osais pas l'inviter!

3ᵉ INVITÉ, le poussant.

Bêta. (Le 2e invité va vers Séraphine. Le groupe se rapproche d'elle.) Madame daignera-t-elle m'accorder la faveur d'une valse?

SÉRAPHINE.

Une valse, monsieur, je voudrais pouvoir vous l'accorder, mais...

2ᵉ INVITÉ.

Il ne tient qu'à vous, madame...

SÉRAPHINE, consultant son carnet.

La onzième.

3ᵉ INVITÉ, à part.

Il aura le temps d'aller se coucher et de revenir pour la garde montante.

BORDOGNON, à Séraphine.

Si l'on vous priait bien pourtant?

2ᵉ INVITÉ.

Une petite substitution de nom sur ce joli carnet... (il lui prend doucement le carnet des mains.) Ne pourrait-on pas effacer M. Verdier, par exemple!

SÉRAPHINE.

Un ami de mon mari!

3ᵉ INVITÉ.

Il n'y a pas à hésiter alors.

2ᵉ INVITÉ.

Ce sera pour la seconde, madame, et la onzième, si vous le voulez bien.

SÉRAPHINE.

Qu'est-ce qu'il dira, ce pauvre M. Verdier?

BORDOGNON.

Cela dépendra de son caractère. — Je ne me trompe pas : le

signal enchanteur de la contredanse a retenti, comme disent les poëtes.

3e INVITÉ, lui offrant son bras.

Madame, celle-ci m'appartient!...

HENRIETTE, entrant.

Vous êtes en retard, messieurs... on vous attend. (A Bordognon.) Et toi? pour cette fois je t'invite, monsieur mon frère. (Ils sortent tous, chuchotant, se pressant sur les pas de Séraphine.)

BORDOGNON, à Henriette.

Asseyons-nous, alors.

SCÈNE II.

BORDOGNON, HENRIETTE.

HENRIETTE.

Puisque nous sommes seuls, apprends-moi donc quelle est cette dame que tu m'as amenée et qui fait émeute dans le salon?

BORDOGNON.

Émeute?

HENRIETTE.

Oui, j'ai cru entendre sur son passage des ricanements, des chuchotements dont je ne me rends pas compte. Elle me semble un peu sûre de sa gentillesse, mais convenable en somme?

BORDOGNON.

Te l'aurais-je présentée autrement?

HENRIETTE.

Comment se nomme-t-elle déjà?

DORDOGNON.

Madame Pommeau.

HENRIETTE.

Je ne me souviens pas de l'avoir jusqu'ici rencontrée.

BORDOGNON.

Elle va cependant partout et dans tous les mondes...

HENRIETTE.

Comme les gens qui ne sont d'aucun. — Qu'est-ce qu'il fait M. Pommeau? Il n'est pas clerc d'huissier, je suppose...

BORDOGNON, se récriant.

Oh! — il est clerc de notaire.

HENRIETTE.

En Californie?

BORDOGNON.

A Paris; maître clerc.

HENRIETTE.

Et sa femme a de ces toilettes-là?... Ah çà, mon cher ami, c'est pour te bien mettre dans les papiers du mari que tu m'amènes cette sylphide, hein? Aussi te trouvais-je avec elle d'une grâce...'

BORDOGNON.

Moi?... Vous êtes toutes les mêmes : pour peu qu'un homme soit poli auprès d'une femme pas trop laide...

HENRIETTE.

Bon apôtre! Je m'explique à présent le genre d'ovation dont celle-ci est l'objet. Si je te confie jamais un billet d'invitation!...

BORDOGNON.

Qu'est-ce qui te prend? Je te demande un peu ce que t'a fait cette pauvre femme!

HENRIETTE.

Elle m'a fait... que sa présence ici m'embarrasse, me met mal à l'aise vis-à-vis de mes invités; que dans sa situation, situation dont son étalage a fait chercher le mot, on ne porte ni robes ni dentelles comme les siennes!... Elle se met trop bien pour elle et pour les autres.

BORDOGNON

Elle n'est pas mieux mise que toi

HENRIETTE.

Mais j'ai quatre-vingt mille livres de rente, moi!

BORDOGNON.

A l'enseigne des trois olives!

HENRIETTE.

Ces gens-là n'ont pas le sou, et l'élégance est un luxe courant plus dispendieux que l'autre à Paris. Vous autres hommes, vous n'y voyez pas plus loin que vos yeux; nous, nous voyons jusque chez la modiste, chez la couturière, et mettons un chiffre où vous

ne placez qu'un compliment! Entre femmes, la toilette est comme
la démarche, une sorte de franc-maçonnerie. A l'ourlet d'un ju-
pon nous savons qui nous sommes, et ces exagérations de mise
qu'on nous reproche tant, ne sont que la ligne de démarcation
entre nous et ces petites bourgeoises qui tentent de nous appro-
cher de trop près.

BOURDOGNON.

Aristocrate!

HENRIETTE.

Le moyen avec des robes de six mètres de tour de s'empiler
cinq dans un fiacre, d'aller au théâtre ailleurs que dans une loge
à soi, de rendre une visite autrement qu'en voiture, à moins de
ramasser toute la poussière des rues! Il y a moins loin qu'on ne
croit du chiffon à l'équipage. — La richesse est une caste, par
son essence même la moins accessible aux intrus. Un nom s'em-
prunte, un titre s'achète... mais la contrefaçon même de la fortune où se vend-elle?

BORDOGNON.

Rue des Lombards! — Tu es bien la sœur de ton frère, toi;
mais enfin vous autres, comment voulez-vous qu'on se mette au
bal?

HENRIETTE.

Une honnête femme? regarde! (Lui montrant Thérèse qui entre.) En
voilà une!

BORDOGNON.

Tu ne pouvais pas mieux tomber. Demande-lui des nouvelles
de madame Pommeau. (Léon et Thérèse se dirigent vers Henriette.

SCÈNE III.

HENRIETTE, THÉRÈSE, LÉON, BORDOGNON.

HENRIETTE, à Thérèse,

Comme vous venez tard, chère madame!

THÉRÈSE.

Je croyais que nous n'arriverions jamais.

BORDOGNON, à Léon.

Bonsoir, l'homme vertueux.

LÉON.

Bonsoir.

HENRIETTE.

Frédéric me parlait justement de vous, au moment où vous
êtes entrée.

THÉRÈSE.

De moi, monsieur Frédéric?

HENRIETTE.

A propos d'une dame qu'il m'a amenée et qu'il prétend être
de votre intimité : madame Pommeau ; vous la connaissez?

THÉRÈSE.

Oui. Son mari a été pour moi le plus excellent des pères, et je
le vénère autant que je l'aime, profondément.

HENRIETTE.

Sa femme m'a paru fort jolie, mais un peu évaporée, un peu
folle.

THÉRÈSE.

Une enfant gâtée, rien de plus.

HENRIETTE.

Elle a été très-remarquée ce soir, et son mari semble bien faire
les choses.

THÉRÈSE.

Il l'aime tant !

HENRIETTE.

Elle doit être dans le grand salon...

THÉRÈSE.

Faisons d'abord le tour, je vous prie ; voulez-vous?

HENRIETTE.

Volontiers... Je ne sais pas où elle a déterré de si belles fleurs
au mois de décembre. Ce n'est qu'un cri d'admiration.

THÉRÈSE.

Que voulez-vous? On se ruine pour elle. (Elles sortent en causant.
Entre un domestique portant un plateau.)

SCÈNE IV.

BORDOGNON, LÉON.

BORDOGNON.

Veux-tu un verre de punch, une glace, quelque chose?

LÉON.

Merci, je ne veux rien.

BORDOGNON.

Nous avons l'air en train comme un lundi de Pâques, ce soir; es-tu malade?

LÉON.

Je suis, si tu veux le savoir, dans une anxiété horrible.

BORDOGNON.

A cause de quoi?

LÉON.

Depuis ce matin je cours après une somme de dix mille francs.

BORDOGNON, clignant de l'œil.

Qui t'est due.

LÉON.

Que je dois au contraire, et que je ne puis trouver?

BORDOGNON, s'asseyant..

La retraite des dix mille! Je te crois parbleu bien : la Bourse a tué l'emprunt, mon brave homme! On ne prête plus; l'argent, juste châtiment de ses méfaits, travaille aujourd'hui comme un forçat au bagne; il faut qu'il rende, rende plus en un mois qu'il ne faisait autrefois dans une année! De placements, plus n'en est question, et les notaires sont dans une débine qui réjouit les agents de change.

LÉON.

Tu ne serais pas en état de m'avancer... pour huit jours seulement, pas une minute de plus, je t'en donne ma parole...

BORDOGNON.

Dix mille francs! Si je les avais... mais je ne les ai pas. Demande huit jours de répit, il n'est Anglais si Arabe qui ne te les accorde.

LÉON

Il s'agit pour moi d'une dette d'honneur.

BORDOGNON.

En ce cas, on verra à te les dénicher. Quand te les faut-il, ces dix mille francs?

LÉON.

Dans les vingt-quatre heures...

BORDOGNON.

Une dette de jeu?

LÉON.

Oblige-moi doublement en ne me questionnant pas.

BORDOGNON, se levant.

A la bonne heure!... Bordognon, mon ami, tire-moi de l'eau, mais ne me demande pas pourquoi je m'y suis jeté. Tu es dur pour ton sauveur, sais-tu?

LÉON.

Je suis forcé de me taire.

BORDOGNON.

Je ne t'en veux pas. D'ailleurs, ce que tu me dirais, je le sais aussi bien que toi. Je la connais, la scène de l'échéance!... On arrive, pimpant, chez son adorée; on la trouve rêveuse; on s'informe imprudemment de ce qui la chiffonne : elle refuse de le dire. Moi, je n'insiste plus dans ce cas-là, mais il y en a qui insistent; je pourrais t'en citer qui insistent jusqu'à ce que la belle éplorée, entre deux larmes — deux perles, à en juger par ce qu'elles coûteront — leur avoue tout bas, bien bas, plus près de la joue que de l'oreille, qu'elle n'a plus qu'à se briser la tête contre son oreiller. Sur ce, on se frotte les yeux avec son mouchoir, comme on bat le briquet pour obtenir du feu : on se désole, on est bien honteuse de débattre ces vilaines questions-là avec le chéri de son cœur, mais ce n'est qu'un emprunt, et patati patata... monsieur console, endosse le billet, et Léon Lecarnier que voilà vient demander 10,000 fr. à Frédéric Bordognon que voici.

LÉON.

Je te jure...

BORDOGNON.

Défiance entière et...

LÉON.

Eh! quand il serait vrai qu'un créancier menaçât de perdre

par un esclandre une femme relevant de moi à un titre ou un
autre, en la sauvant ne ferais-je pas mon devoir, et qu'aurais-tu
à dire?

BORDOGNON.

Ce que j'aurais à dire, malheureux! Que tu as une femme à toi,
un enfant à toi, une maison à toi, et que tu n'as pas le droit de
brûler chez une autre le bois que tu coupes chez toi. — En veux-tu
encore? Eh bien, je te dirais que je ne puis pas toujours servir
de compère à tes folles prodigalités, d'instrument à tes abomi-
nables fredaines; que tu es un garnement, que tu es... que tu
es bête pour ton âge! Ne te fais donc pas de mauvais sang, elle
s'en tirera sans toi.

LÉON.

Sans moi! mais ce billet, mon point d'honneur de galant homme
l'a cautionné pour moi; ma situation, ma conscience ne me permettent pas de reculer. Tu me comprends à ton tour. Bref, je
veux rompre, et de pareils commerces, par cela même qu'ils ne
sont pas avouables, ne se dénouent honorablement que par une
probité... une probité de voleur!

BORDOGNON.

Ah! tu es décidé à une rupture?

LÉON.

Cette fois, l'occasion est trop belle pour la perdre.

BORDOGNON.

Très-décidément décidé?

LÉON.

Ce n'est pas de l'argent, c'est une rupture que je cherche. Je
t'en supplie, prête-moi ces...

BORDOGNON

Eh bien, mon cher, très-décidément aussi je ne les ai pas. (A
part.) Ou je suis un jouvenceau, ou elle s'en tirera sans lui.

UN INVITÉ, entrant à gauche.

Frédéric, ta sœur te réclame.

BORDOGNON.

Ah! très-bien! merci!

LÉON.

Frédéric!... je t'en prie... (Bordognon frappe sur son gousset et sort à
gauche.)

SCÈNE V.

LÉON, THÉRÈSE, entrant par la droite.

LÉON.

Est-ce moi que tu cherches?

THÉRÈSE.

Il fait trop chaud là dedans, je viens respirer un peu...

LÉON.

As-tu besoin de quelque chose?

THÉRÈSE.

Si tu pouvais m'obtenir un verre d'eau...

LÉON.

Oui! je reviens. (Il sort.)

SCÈNE VI.

THÉRÈSE, seule.

J'étouffe! Je ne voyais qu'elle dans ce salon! Elle est venue s'asseoir près de moi; je lui parlais, et c'était moi qui baissais les yeux; j'ai senti que si je rencontrais son regard, j'éclaterais!

SCÈNE VII.

THÉRÈSE, POMMEAU.

THÉRÈSE.

Ah! c'est vous! — Vous êtes pâle...

POMMEAU.

Il est tard. Je suis un peu fatigué; je voulais emmener Séraphine, mais...

THÉRÈSE.

Elle danse!... Elle a du succès.

POMMEAU.

Oui, trop!

THÉRÈSE.

Est-ce qu'une femme en a jamais trop?

POMMEAU, après un silence.

Combien dépenses-tu par an dans ta maison?

THÉRÈSE.

Singulière question à faire dans un bal!

POMMEAU.

Mais enfin...

THÉRÈSE.

Vous le savez, une vingtaine de mille francs.

POMMEAU.

Et tu vis plus modestement que nous.

THÉRÈSE.

Mais à quel propos?...

POMMEAU, remontant vers le fond.

Rien... une idée. — Tu connais ces deux vieilles dames assises auprès de la cheminée, dans le salon?...

THÉRÈSE.

Madame Lefèvre et madame Deschamps? oui, excellentes personnes toutes deux.

POMMEAU.

Elles ont l'air malveillant.

THÉRÈSE.

Elles? l'indulgence même.

POMMEAU.

Ah!

THÉRÈSE.

Vous avez quelque chose... Voyons! Expliquez-vous!

POMMEAU, à demi voix.

J'étais tout à l'heure près de ces deux dames, qui ne me connaissent pas : elles regardaient Séraphine danser, et l'une disait à l'autre : « Voilà une petite personne qui fait parler d'elle. » L'autre a répondu : « On dit que ce n'est pas son mari qu'elle ruine. »

THÉRÈSE, avec un sourire forcé.

C'est là ce qui vous trouble? En êtes vous encore à tenir compte des commérages du monde? Quand les femmes ne prêtent plus à la médisance, elles s'y adonnent.

POMMEAU.

Ces deux-là sont l'indulgence même, disais-tu...

THÉRÈSE.

Vous voyez bien que je les calomniais.

POMMEAU.

Ce qu'il y a de plus grave, c'est qu'elles parlaient par ouï-dire. C'est donc un bruit public?

THÉRÈSE.

Je n'ai jamais rien entendu de pareil...

POMMEAU.

On ne t'aurait pas prise pour confidente, toi!

THÉRÈSE.

Enfin qu'imaginez-vous?

POMMEAU, à voix basse.

Si c'était vrai! — J'en mourrais!

THÉRÈSE.

Vous outragez Séraphine! Pensez à ce dont vous la soupçonnez...

POMMEAU.

Oui, ce serait monstrueux!... Pourquoi le dit-on? Pourquoi ces deux femmes, respectables selon toi, le répètent-elles? C'est donc vraisemblable?

THÉRÈSE.

Eh! mon ami, le monde n'est pas dans le secret des procédés économiques de Séraphine; c'est là le danger de cette industrie que vous admiriez l'autre jour; elle lui donne l'apparence de dépenser beaucoup, et comme on sait que vous n'êtes pas riche, on cherche une explication à l'élégance de votre femme; la malignité est heureuse de trouver celle-là!

POMMEAU, secouant la tête.

Je me demande à présent s'il est réellement possible à une femme de faire tant avec si peu.

THÉRÈSE.

Vous n'en doutiez pas l'autre jour.

POMMEAU.

Est-ce qu'un homme se connaît à cela!... mais toi qui sais le prix des choses, tu n'avais pas l'air aussi convaincu que moi...

je m'en souviens... je sentais un blâme dans ton assentiment con-
traint.

THÉRÈSE.

C'est que j'entrevoyais ce qui arrive aujourd'hui, voilà tout...
Êtes-vous rassuré?

POMMEAU, la regardant dans les yeux.

Si tu me réponds d'elle...

THÉRÈSE.

Je vous en réponds.

POMMEAU.

Sais-tu ce qu'elles ajoutaient? Qu'en parlant à Séraphine tu
avais l'air embarrassée de la connaître.

THÉRÈSE.

Moi! rentrons dans le salon, je vais lui donner le bras.

POMMEAU.

Je t'en prie!... Voilà qui me rassure plus que tout le reste. (Ils
sortent à gauche. Un domestique portant un plateau traverse la scène.

SCÈNE VIII.

HENRIETTE, INVITÉS, puis BORDOGNON, par la droite.

HENRIETTE, aux jeunes gens.

Tenez, vous êtes insupportables! les vilains garçons avec leur
affreux lansquenet!

1er INVITÉ.

Une toute petite partie de rien du tout, madame.

BORDOGNON, entrant un verre d'eau à la main.

Le pur lansquenet des salons! je me joins à ces messieurs.

HENRIETTE.

Je crois bien, tu jouerais ta chemise, toi... (On apporte une grande
table de lansquenet.)

BORDOGNON, avec pudeur.

Sur parole! Le verre d'eau demandé. (A Léon qui entre.) Ta femme
n'est plus là?

LÉON.

Non.

BORDOGNON, à un invité.

Tiens! bois cela, toi, il ne faut rien perdre.

HENRIETTE.

Vous verrez qu'ils finiront par demander à fumer.

BORDOGNON, aidé des invités, prépare la table.

Dressons l'autel!

TOUS.

Oui, oui!

UN INVITÉ, mettant un candélabre sur la table.

Le trépied!

BORDOGNON.

Les victimes sont prêtes?

TOUS.

Oui, oui!

BORDOGNON, prenant les cartes qu'il mêle

Aiguisons le couteau. (Tous se rangent autour de la table, le jeu s'organise.)

LÉON, à part, assis au premier plan.

Où frapper d'ici à demain? Comment lui annoncer à elle...
Des pleurs! des récriminations! Est-ce ma faute? — Si encore je
l'aimais!

HENRIETTE.

Surtout soyez sages!

BORDOGNON, à Henriette.

N'aie pas peur! ces messieurs et moi nous sommes convenus
de ne partir que de cinq francs. pas un centime (A part.) au-des-
sous.

HENRIETTE.

A la bonne heure, mais j'ai l'œil sur vous. (Elle sort.)

BORDOGNON, allant à la table de jeu.

La maréchaussée est partie. Maintenant, messieurs, il y a vingt-
cinq louis. Qui les tient?

UN INVITÉ.

J'en fais cinq!

UN AUTRE INVITÉ.

J'en fais dix!

UN AUTRE INVITÉ.

Le jeu est fait!

PREMIER INVITÉ.

Le pur lansquenet des salons!

BORDOGNON, qui tient la banque.

Le jeu est fait? Enlevez! (La partie est en train. Entre Séraphine.)

SCÈNE IX.

BORDOGNON, INVITÉS AU JEU; LÉON, assis;
SÉRAPHINE.

SÉRAPHINE, bas à Léon.

Eh bien?

LÉON, se levant.

Je ne les ai pas.

SÉRAPHINE.

Vous ne les avez pas?

LÉON.

J'ai couru tout Paris, frappé à toutes les portes, peine inutile! je n'ai pas trouvé un sou!

SÉRAPHINE.

Mais vous parliez de M. Frédéric, qui...

LÉON.

Il me les a refusés... poliment!...

SÉRAPHINE.

Qu'est-ce que je vais devenir?

UN DES JOUEURS.

Il y a six cents francs en banque! Qui les tient?

UN AUTRE JOUEUR.

Banquo!

SÉRAPHINE.

Cette marchande qui vient demain... mon mari... malheureuse!

LÉON.

Je ne sais plus où donner de la tête.

SÉRAPHINE.

Et moi donc! je suis perdue!

LÉON.

Que voulez-vous que je fasse?

SÉRAPHINE.

Ah! vous ne m'aimez pas!

UN DES JOUEURS.

Douze cents francs en banque, messieurs, qui les fait?

LÉON, vivement.

J'en tiens mille!

BORDOGNON.

Léon en tient mille.

LÉON.

Tout ce que j'ai!

UN DES JOUEURS.

Il reste deux cents francs à faire, qui les fait?

TOUS.

Moi! moi!

UN DES JOUEURS.

Ah! messieurs, je suis premier!

LÉON, au banquier.

Mille francs ici, monsieur.

SÉRAPHINE, avec joie.

Ah! (Elle s'approche de façon à suivre le jeu sans être remarquée.)

BORDOGNON.

Ces satanés avocats! ils n'ont qu'à siffler, l'argent leur vient.

UN DES JOUEURS.

Il y a seize cents francs! je passe.

BORDOGNON.

Seize cents francs?... je prends la main... les voici!

UN DES JOUEURS.

Banquo!

BORDOGNON, après avoir gagné.

Trois mille deux cents. (Faisant trébucher l'or sur la table.) Allons
Lecarnier, mon ami, la chasse est ouverte.

LÉON.

Laisse-moi respirer.

BORDOGNON.

Poltron! personne ne tient? je passe! (Un invité prend la main, le jeu continue ; à Séraphine.) Voulez-vous que nous soyons de moitié, madame?

SÉRAPHINE.

Merci, monsieur.

UN DES JOUEURS.

Vingt-cinq louis!...

BORDOGNON, à Séraphine.

Vous semblez cependant vous intéresser très-fort au jeu.

SÉRAPHINE.

Oui, cela me fait l'effet d'un steeple-chase.

BORDOGNON.

Parions alors.

SÉRAPHINE.

Je veux bien.

BORDOGNON,

Vous tenez pour Léon, je parie qu'il perdra.

SÉRAPHINE.

Que parions-nous?

BORDOGNON.

Une discrétion.

SÉRAPHINE, suivant toujours le jeu du coin de l'œil.

C'est dangereux avec vous, je ne vous crois pas trop discret.

BORDOGNON.

Comme la tombe, madame, et plût à Dieu que vous voulussiez bien me mettre à l'épreuve...

SÉRAPHINE.

Je n'ai rien à vous confier, grâce au ciel!

BORDOGNON.

Eh bien! moi, madame, je suis moins cachotier que vous! Je suis prêt à vous faire tous les aveux qu'il vous plaira d'entendre...

SÉRAPHINE.

Vous m'en feriez trop que je ne croirais pas.

BORDOGNON.

Je ne vous demande que d'en croire un.

SÉRAPHINE.

Allez donc voir où en est notre pari. (Bordognon s'approche du jeu.— Séraphine à part.) Il prend bien son temps pour me faire la cour !

BORDOGNON, revenant à elle.

Léon gagne ! Je suis distancé, mais nous n'en sommes encore qu'au premier tour... Si je perds, je serais curieux de savoir ce que vous me demanderez.

SÉRAPHINE.

Tout simplement une loge de Gymnase pour demain... Et vous?..

BORDOGNON.

Moi, je compte vous étonner par mon hypocrisie.

SÉRAPHINE.

Je ne vous connaissais pas ce défaut...

BORDOGNON.

Je me le suis procuré pour faire passer les autres.

SÉRAPHINE.

Ce n'est pas une sinécure que vous lui donnez là.

BORDOGNON.

Vous me croyez plus méchant que je ne suis... Je cache une âme fièrement tendre sous des dehors badins; j'ai des trésors de dévouement...

SÉRAPHINE.

A la Caisse d'épargne?

BORDOGNON.

En attendant un meilleur placement.

LÉON, du fond.

Il y a cinq mille francs, messieurs !

BORDOGNON, à Séraphine.

Décidément, le sort se déclare pour vous...

LÉON.

Personne ne dit mot?

UN INVITÉ.

Ma foi non ! Nous sommes à sec.

BORDOGNON.

Le combat va cesser, faute de combattants.

SÉRAPHINE, très-inquiète.

Ces messieurs ne jouent plus ?

LÉON.

Voyons, messieurs, voyons ! Courage..

SÉRAPHINE, à part.

S'arrêter avec une si belle veine !

LÉON.

Ne me forcez pas à faire Charlemagne.

SÉRAPHINE, à Bordognon..

Ils ne sont guère aventureux, ces jeunes gens.

LÉON.

J'ai passé sept fois, la main est usée.

BORDOGNON.

Il n'y a que les hommes de trente ans, madame !... Banquo !

SÉRAPHINE.

Vous êtes un brave, monsieur Frédéric.

BORDOGNON.

Quand on combat sous les yeux de sa dame...

SÉRAPHINE, à part.

O mon Dieu ! faites que je gagne ! (séraphine est appuyée contre un meuble : le coup se prolonge en silence.)

BORDOGNON.

Aux innocents les mains pleines ! C'est pour moi.

SÉRAPHINE, à part.

Je suis perdue !

LÉON, à Bordognon qu'il paie.

Tu as de la chance, toi !

SCÈNE X.

LES MÊMES, THÉRÈSE.

THÉRÈSE, à Léon.

Quand tu voudras partir...

LÉON.

Je vais demander une voiture. (Il sort.)

SCÈNE XI.

THÉRÈSE, SÉRAPHINE, sur le devant de la scène,
BORDOGNON, JOUEURS AU FOND.

THÉRÈSE.

Un mot, je vous prie. Votre mari est inquiet : certains propos
sont arrivés à lui... prenez garde de lui donner l'éveil.

SÉRAPHINE.

L'éveil !

THÉRÈSE.

J'a dissipé ses soupçons, car ce dont il s'agit ici, ce n'est pas
seulement son repos, mais sa vie.

SÉRAPHINE.

Ah ça, ma chère Thérèse, vous parlez par énigmes ce soir.

THÉRÈSE.

Profitez de l'avertissement.

SÉRAPHINE.

Madame, je ne sais ce qui vous autorise à me tenir ce langage
étrange : vous êtes prompte à supposer le mal.

THÉRÈSE.

Tant mieux pour vous, si je me trompe.

SÉRAPHINE.

Il n'y a que les puritaines pour aller si vite en besogne.

THÉRÈSE, dédaigneusement.

Puritaine ?

SÉRAPHINE.

Monsieur Frédéric vous paraît donc bien dangereux ? Ses ga-
lanteries n'ont rien de sérieux, rassurez-vous... je vous laisse le
champ libre !

THÉRÈSE, la foudroyant du regard.

Vous êtes la maîtresse de mon mari !

SÉRAPHINE.

Ce n'est pas vrai !

THÉRÈSE, à voix basse et stridente.

Votre chapeau est payé... par moi ; ne remettez plus les pieds chez moi, vous m'entendez ; inventez un prétexte de brouille, à votre choix, ce n'est pas trop exiger, je pense... — Levez donc la tête, on vous regarde ! (Elle sort.)

UN INVITÉ, à Bordognon.

Combien gagnes-tu ?

BORDOGNON.

Combien je gagne ?... Dix mille francs ! (Séraphine tourne instinctivement la tête vers lui ; Bordognon à part.) C'était bien pour elle !

FIN DU TROISIÈME ACTE.

ACTE QUATRIÈME

Même décor qu'au premier acte. Des dentelles, des cachemires sur les meubles, des cartons à terre, un coffret à bijoux sur la cheminée.

SCÈNE PREMIÈRE.

VICTOIRE, SÉRAPHINE.

SÉRAPHINE.

Midi ! c'est à deux heures qu'elle vient cette madame Charlot ?

VICTOIRE.

Oui, madame, et on n'a pas le quart d'heure de grâce avec elle...

SÉRAPHINE.

Les bijoux sont là ?

VICTOIRE.

Tous dans le coffret.

SÉRAPHINE.

Que vont-ils nous prêter là-dessus, à ce mont-de-piété ?

VICTOIRE.

Dame ! vous savez : le tiers de ce que ça vaut.

SÉRAPHINE.

Nous sommes loin de compte, alors !... Que pourrait-on ajouter ? Ah ! ma montre, ma chaîne !... Les boucles d'oreilles sont là dedans, (Elle montre le coffret) n'est-ce pas ?

VICTOIRE.

Oui, madame...

SÉRAPHINE.

Que mettre encore, ma pauvre Victoire !

VICTOIRE.

Et l'argenterie ?

SÉRAPHINE.

J'y pensais, mais monsieur Pommeau s'apercevra...

4

VICTOIRE.

Bah! nous laisserons six couverts. Mais j'y pense à mon tour, nous avons du monde à dîner demain.

SÉRAPHINE.

C'est vrai! comment faire? (Résolûment) Je serai malade.

VICTOIRE.

Je vais les chercher.

SÉRAPHINE.

Va!

VICTOIRE, sortant.

Un vrai pillage, quoi!

SÉRAPHINE, seule.

Quelle journée! et il faut encore que je lui écrive, à lui!

VICTOIRE, avec une boîte d'argenterie, des couverts, etc.

Voilà, madame!

SÉRAPHINE.

Les couteaux de dessert y sont?...

VICTOIRE.

Dans leur écrin! (Regardant autour.) Il n'y a plus rien!

SÉRAPHINE.

Nous devons bien en avoir pour dix mille francs, maintenant. Faisons les paquets! — C'est une bonne idée que tu m'as donnée là, d'aller au Mont-de-Piété.

VICTOIRE.

Pardi, madame!... vendre en deux heures! mais vous auriez été égorgée... tandis qu'on vous prêtera autant et vous avez la chance de retrouver vos objets.

SÉRAPHINE.

D'ailleurs, tu as beau dire : elle consentira peut-être à reprendre ses fournitures en paiement.

VICTOIRE.

Ça m'étonnerait bien : vous pouvez toujours le lui proposer. (On sonne.)

SÉRAPHINE, effrayée.

On sonne... si c'était M. Pommeau?

VICTOIRE.

Il est à son étude.

SÉRAPHINE.

Mais il rentre parfois dans la journée, puis il avait un air tout
singulier, ce matin.

VICTOIRE.

En tout cas, madame, ce ne peut pas être lui... il a son passe-
partout.

SÉRAPHINE.

C'est vrai! vas ouvrir, et dis que je n'y suis pas. (victoire sort,
séraphine se met à écrire.) « Votre femme sait tout. Adieu! *Séraphine.*»
(pliant et cachetant) Le voilà averti et congédié. — Cette Thérèse
était-elle assez laide hier soir!

VICTOIRE, rentrant.

Monsieur Frédéric, Madame.

SÉRAPHINE.

Je t'avais défendu...

VICTOIRE.

Il sait que vous y êtes et prétend qu'il a à vous parler...

SÉRAPHINE.

Mais ce désordre...

VICTOIRE, couvrant les paquets avec le tapis même de la table
sur laquelle ils sont.

Le voilà en ordre!

SÉRAPHINE.

Fais entrer, et jette cette lettre à la poste. (victoire introduit Bordognon et sort.)

SCÈNE II.

BORDOGNON, SÉRAPHINE, assise.

BORDOGNON

Je suis indiscret comme l'aurore, Madame; mais les persiennes
de la chambre à coucher étaient ouvertes, j'ai supposé qu'il faisait jour chez vous, et je tenais à déposer à vos petits pieds cette
loge du Gymnase.

SÉRAPHINE.

Pour ce soir?... Je ne pensais guère au théâtre, je l'avoue, et
si vous en avez l'emploi ailleurs, de cette loge...

BORDOGNON.

Ailleurs, elle ne serait plus à son adresse.

SÉRAPHINE.

Je consulterai donc mon mari.

BORDOGNON.

Comme vous le gâtez!

SÉRAPHINE.

Et en cas d'empêchement, il vous renverrait le coupon avant
quatre heures. Merci toujours, quoi qu'il arrive. — Madame votre
sœur est bien depuis hier? Elle a fait les honneurs de la soirée
avec une grâce...

BORDOGNON.

Henriette compte bientôt donner un concert... Si vous aimez
la musique?...

SÉRAPHINE.

Beaucoup... (à part) quand je suis en toilette... (Haut.) Et vous,
l'aimez-vous, la musique?

BORDOGNON.

Moi? je ne la crains pas! Quant à notre ami Léon, il doit l'ado-
rer; on ne joue pas d'argent au piano, et le lansquenet l'a traité
hier comme un nègre.

SÉRAPHINE.

Monsieur Lecarnier a beaucoup perdu?...

BORDOGNON, la regardant avec surprise.

On dit que oui... et dès qu'on perd, on perd trop... sans compter que le camarade est, il paraît, dans ses petits souliers. Il
cherchait hier au bal une somme de cinq cents louis qu'il n'a
pas trouvée sur le tapis vert, et... à ce propos, Madame, permet-
tez-moi de réclamer la discrétion que vous avez perdue. (Il s'assied.)

SÉRAPHINE.

Demandez, Monsieur!

BORDOGNON.

Je vous ai dit que je vous étonnerais par mon hypocrisie... Je
vous demande votre amitié.

SÉRAPHINE.

Vous l'avez déjà.

BORDOGNON.

Mais il y a des grades dans l'amitié ; je voudrais passer tout de suite colonel.

SÉRAPHINE.

Permettez : l'avancement est à l'ancienneté.

BORDOGNON.

Qu'à cela ne tienne, il y a longtemps que je vous aime.

SÉRAPHINE.

D'amitié ?... Vous étiez moins rassurant, ce me semble, hier au bal.

BORDOGNON.

Terrain neutre que celui-là, Madame, où la galanterie est de politesse et circule avec les rafraîchissements.

SÉRAPHINE.

Vous vous rafraîchissiez beaucoup !

BORDOGNON.

Je plaisantais. Je suis sérieux ce matin !

SÉRAPHINE.

La nuit porte conseil.

BORDOGNON.

Précisément, j'ai fait un rêve ! comme dans les tragédies.

SÉRAPHINE.

Je suis à votre merci, j'écoute.

BORDOGNON.

Eh bien, madame, j'ai rêvé la chose la plus rare, la plus charmante, la plus enviable, la moins enviée, la plus impossible, la plus facile...

SÉRAPHINE.

Elle est de madame de Sévigné, votre tragédie ?

BORDOGNON.

L'amitié d'une femme !... Ce commerce des cœurs qui a toutes les délicatesses de l'amour et qui n'en a pas les perfidies, une confiance absolue qui n'exclut point un grain de coquetterie, un dévouement complet sans despotisme et sans jalousie, une communauté où chacun n'apporte que ce qu'il a de meilleur, en un mot une liaison sans remords pour la femme, sans lassitude pour l'homme.

4.

SÉRAPHINE, *rêveuse.*

Un joli rêve, en effet!

BORDOGNON.

Qui deviendrait une réalité, si on osait se livrer.

SÉRAPHINE.

On se contenterait vraiment de ce rôle d'ami?

BORDOGNON.

Que lui laisserait-on à envier?

SÉRAPHINE.

Tout ce qu'on lui refuserait.

BORDOGNON.

Puisqu'on ne demande rien !

SÉRAPHINE.

Mais serait-on toujours aussi réservé?

BORDOGNON.

Le jour où on cesserait de l'être, le pacte serait rompu. Voulez-vous essayer?

SÉRAPHINE.

Puisque j'ai perdu la discrétion, il faut bien que je m'exécute. (*Elle lui tend les mains.*)

BORDOGNON, *les lui prenant.*

C'est juré?

SÉRAPHINE.

C'est juré.

BORDOGNON.

J'entre en fonction! J'ai appris hier que ma petite amie se trouve dans un grand embarras. (*Ils se lèvent.*)

SÉRAPHINE.

Moi, monsieur? pas le moins du monde!

BORDOGNON.

Ah! on manque déjà de confiance. Bah! je romps la glace, tout brutalement. Vous avez à payer ce matin un billet de dix mille francs.

SÉRAPHINE.

Qui vous a dit...?

BORDOGNON.

Il suffit que je le sache.

SÉRAPHINE, après une hésitation.

Serait-ce monsieur Lecarnier qui vous a fait supposer...?

BORDOGNON.

Non, madame...

SÉRAPHINE.

Soyez franc à votre tour : la somme qu'il cherchait hier, vous vous êtes imaginé qu'elle était pour moi.

BORDOGNON.

Franchement, oui.

SÉRAPHINE, sèchement.

Eh bien, vous vous êtes trompé; je n'ai pas de dettes, et si j'en avais, monsieur Lecarnier n'aurait aucune espèce de titre à les payer!

BORDOGNON, à part.

Elle tient diablement à mon estime! Bordognon, mon ami, tu es plus avancé que tu ne le croyais! (haut.) Je suis doublement charmé de m'être trompé, madame... mais je ne tiens pas mes preuves pour faites et je vous préviens que je guette une occasion de les faire.

SÉRAPHINE.

Je vous en dispense.

SCÈNE III.

BORDOGNON. VICTOIRE, SÉRAPHINE.

VICTOIRE.

Madame, il y a là quelqu'un qui demande à vous parler.

SÉRAPHINE. froidement.

Je suis désolée, monsieur...

BORDOGNON.

Comment donc, on ne se gêne pas avec ses amis; mettez-moi à la porte. (Il salue ; fausse sortie.)

SÉRAPHINE, vivement.

Monsieur Frédéric...

BORDOGNON, redescendant.

Madame?...

SÉRAPHINE, après une hésitation.

Sans rancune ! (Elle lui tend la main.)

BORDOGNON.

Au contraire, madame !... je reste votre ami quand même... — (A part, sur le seuil.) O amitié !... que de crimes on commet en ton nom ! (Il sort.)

SCÈNE IV.

VICTOIRE, SÉRAPHINE.

VICTOIRE.

C'est la marchande à la toilette, madame...

SÉRAPHINE.

Je le sais bien. Emportons tous ces paquets, qu'elle ne les voie pas. (Elle emporte une partie des objets.)

VICTOIRE, emportant le reste.

Madame a peur qu'on ne sache qu'elle va au mont-de-piété?... C'est pourtant un endroit fréquenté par la meilleure société.

SÉRAPHINE, s'asseyant et rajustant sa robe.

Maintenant, fais entrer.

SCÈNE V.

VICTOIRE, MADAME CHARLOT, SÉRAPHINE.

MADAME CHARLOT.

C'est moi, madame; je viens pour le papier, vous savez...

SÉRAPHINE.

Ma chère madame Charlot, vous voyez une femme au désespoir; je ne me trouve pas en mesure de vous payer aujourd'hui: je me vois donc dans l'obligation ou de vous renouveler mon billet...

MADAME CHARLOT.

Passons à autre chose...

SÉRAPHINE.

Ou de vous prier d'accepter en échange de ce que je vous dois les fournitures même que vous m'avez faites.

MADAME CHARLOT.

Siminia siminibus! De l'homœopathie, c'est bon pour le corps, mais pas pour la poche... je n'en use pas. La marchandise, voyez-vous, c'est comme la fausse monnaie, quand c'est passé, ça ne se reprend plus.

SÉRAPHINE.

Ma chère madame...

MADAME CHARLOT.

Les affaires sont les affaires.

SÉRAPHINE.

Donnez-moi jusqu'à demain...

MADAME CHARLOT.

Pas jusqu'à ce soir! J'ai moi-même un paiement à faire; et laisser protester sa signature, madame Charlot, vous ne le voudriez pas...

VICTOIRE.

Que dirait la Banque de France!

SÉRAPHINE.

Alors, rentrons dans la lettre du marché : il n'est qu'une heure et demie, j'ai jusqu'à deux heures.

MADAME CHARLOT.

Comme je ne suppose pas qu'en trente minutes il vous pousse dix mille francs de dessous terre, vous ne trouverez pas mauvais que j'aille relancer le gérant à son bureau.

SÉRAPHINE.

Mais vous me perdez!

MADAME CHARLOT.

Toujours rue du Sentier ?...

SÉRAPHINE.

Je vous en supplie...

MADAME CHARLOT.

Ne vous faites donc pas de mal comme ça : vous en serez quitte pour une scène, c'est pour rien.

SÉRAPHINE.

Je vous jure que dans une demi-heure vous serez payée. Vous pouvez bien m'accorder ce délai, vous serez toujours à temps de vous adresser à M. Pommeau.

MADAME CHARLOT.

Toujours des moyens de me lanterner ; je ne sors d'ici que pour aller trouver votre mari, je vous en préviens.

VICTOIRE.

Eh bien, ne sortez pas, et donnez-nous une demi-heure !

MADAME CHARLOT.

Va donc pour vingt-cinq minutes, mais pas une seconde avec : Si à deux heures sonnant vous n'êtes pas là, je cours à l'étude

SÉRAPHINE.

Oui !

VICTOIRE, à Séraphine.

Allons, madame, dépêchons !

SÉRAPHINE, bas à Victoire.

On peut la laisser seule ici ?

VICTOIRE, de même à Séraphine.

Il n'y a plus rien à prendre ! (Haut, à madame Charlot.) Vous, gardez la maison, et, si on sonne. n'ouvrez pas ! (Elles sortent.)

SCÈNE VI.

MADAME CHARLOT.

De la sensibilité dans notre état? On ferait tous les jours faillite ! Où vont-elles? Probablement au mont-de-piété ! En voilà de fameux montagnards pour l'hospitalité ! Elles ne tireront pas mille écus du tout. C'est égal ! elle a une fière peur de son mari, la petite dame. Serait-ce un Harpagon? Mais non, c'est trop cossu ici pour être la coquille d'un avare : de la moquette, de la soie, des rideaux de lampas, de bons meubles, bien conditionnés, à la dernière mode, pas un brin de camelotte... Je n'ai pas d'inquiétude à avoir. il a de quoi, le cher homme !

SCÈNE VII.

POMMEAU, MADAME CHARLOT.

POMMEAU, qui est survenu depuis quelques minutes.
Qu'est-ce que vous cherchez, madame?

MADAME CHARLOT, à part.
Le mari! (Haut.) Je ne cherche rien, monsieur.

POMMEAU.
Que faites-vous là toute seule?

MADAME CHARLOT.
Vous voyez, je regarde...

POMMEAU.
Bref, qui demandez-vous?

MADAME CHARLOT.
Personne, j'attends...

POMMEAU.
Vous attendez qui?

MADAME CHARLOT.
Madame votre épouse, qui m'a donné rendez-vous pour une petite affaire. Je suis venue avant l'heure, elle était sortie, et la soubrette a été la prévenir de mon arrivée.

POMMEAU.
Est-ce une affaire où je puisse la remplacer?

MADAME CHARLOT, regardant la pendule.
Pas pour le moment.

POMMEAU.
Puis-je savoir à qui j'ai l'honneur de parler?

MADAME CHARLOT.
L'honneur est tout pour moi, monsieur...

POMMEAU.
Enfin?

MADAME CHARLOT.
Madame Charlot, marchande à la toilette, passage Saint-Roch, pour vous servir.

POMMEAU.

Ce n'est pas chez vous que ma femme à l'habitude de se fournir, j'imagine...

MADAME CHARLOT.

Pourquoi non? l'enseigne ne fait pas le marchand, et j'en sais de plus huppées...

POMMEAU.

Tant pis pour celles-là.

MADAME CHARLOT.

Tous les commerces se valent, monsieur; histoire d'acheter bon marché pour revendre cher... D'ailleurs, on n'est pas fille de duchesse, et l'outil est toujours bon qui nourrit son maître.

POMMEAU.

Je vous demande la permission de passer dans mon cabinet, madame : je ne suis pas fils de duchesse non plus, et j'ai un travail...

MADAME CHARLOT.

A votre aise, monsieur, ne vous gênez pas pour moi... (Deux heures sonnent.) Monsieur !

POMMEAU, revenant sur ses pas.

Madame ?

MADAME CHARLOT.

J'avais promis d'attendre jusqu'à deux heures, vous êtes témoin que j'ai attendu. Parlons français maintenant. Il s'agit d'un billet que votre femme m'a souscrit.

POMMEAU, s'asseyant.

Un billet?

MADAME CHARLOT.

De dix mille francs, monsieur...

POMMEAU.

Dix mille francs! (A part.) Voilà l'explication de son luxe.

MADAME CHARLOT.

C'est en règle et échu, comme vous allez voir. Voici d'abord le mémoire, on est bien aise de se renseigner sur les fournitures. Soyez assez aimable pour poser l'œil là-dessus, le temps que je déniche l'autre papier.

POMMEAU, *parcourant le mémoire.*

Six cents francs une robe ! c'est une abomination, Madame.

MADAME CHARLOT.

Possible, c'est le prix.

POMMEAU.

Pour vous, soit ; ce n'est pas le prix pour moi ; je consens à payer, mais non à me laisser voler.

MADAME CHARLOT.

Voler !

POMMEAU.

Effrontément !

MADAME CHARLOT, *cherchant toujours son billet.*

Et les risques donc !

POMMEAU.

Laissez votre billet où il est, Madame, je n'en ai que faire. Quant à ce mémoire, je le garde ; je le ferai d'abord vérifier par ma femme, puis examiner et régler par experts. Alors seulement j'aurai l'honneur de vous payer, mais sur le pied que ces messieurs indiqueront.

MADAME CHARLOT.

Je ne danse pas sur ce pied-là, moi : j'ai un billet, je veux de l'argent.

POMMEAU.

Votre billet, Madame, ceci soit dit pour votre instruction, est nul, absolument nul...

MADAME CHARLOT.

Tout ce qu'il y a de plus nul, oui, Monsieur : je connais mon code sur le bout du doigt. Mais le point a été plaidé plusieurs fois et j'ai toujours gagné mes procès ; à m'en faire un, vous ne gagneriez qu'un scandale.

POMMEAU.

Et ce point de droit...

MADAME CHARLOT.

Ce n'est pas de droit, Monsieur, c'est d'appréciation. Je possède le langage de la chose, vous voyez. La dette d'une femme mariée est exigible pour peu que la somme soit en rapport avec la fortune du mari.

POMMEAU.

Eh bien, Madame?

MADAME CHARLOT.

Eh bien, mon cher Monsieur, vous avez trente mille livres de
rente, par conséquent j'étais fondée à créditer votre épouse de
dix mille. Vous êtes du métier, qu'avez-vous à répondre?

POMMEAU.

Un seul mot : je n'ai pas trente mille livres de rente. Quand on
les a, on n'est pas clerc de notaire.

MADAME CHARLOT.

Turlututu! je prouverai devant le tribunal que vous les avez,
ou du moins que vous les dépensez.

POMMEAU, se levant vivement.

Je les dépense?

MADAME CHARLOT.

Certainement.

POMMEAU.

Moi!

MADAME CHARLOT.

Ou votre femme, ce qui revient au même, et puisque vous
aimez les experts, nous en pourrons prendre. Sans aller plus loin,
j'obtiendrais un jugement rien que sur ce mobilier-ci.

POMMEAU.

Mais, Madame, tout ceci est d'occasion ..

MADAME CHARLOT.

Je les connais ces occasions-là, j'en vends! Vous m'avez surprise en train d'inventorier par manière de passe-temps. A combien vous revient cette garniture de cheminée, s'il vous plaît?
Cinq cents francs, n'est-ce pas? J'en offre mille écus.

POMMEAU.

Mille écus!

MADAME CHARLOT.

Argent sur table, et j'y gagne! et ces rideaux à quarante francs
le mètre, et cette double moquette, et ce damas de soie... Tout
cela d'ailleurs est en rapport avec le train que vous menez; dîner
tous les samedis, bals, spectacles, toilettes de madame qui ne sort
pas à pied... Vous ne vous attendiez guère à me trouver si bien au

courant? Je suis prudente, je ne m'avance qu'à bonnes enseignes, et sur mon livre de crédit on pourrait jauger à un sou près les maris de toutes mes clientes! (silence.) Vous vous taisez maintenant atteint et convaincu de trente mille livres de rente!

POMMEAU.

Madame!

MADAME CHARLOT.

A moins qu'il ne vous semble préférable de plaider qu'un autre les a pour vous !

POMMEAU.

Un autre !... de pareilles suppositions ! — Qui vous dit que ma femme n'ait pas de dettes?

MADAME CHARLOT.

Elle en aurait beaucoup alors !

POMMEAU.

Pourquoi n'aurait-elle pas trouvé ailleurs le crédit qu'elle a trouvé chez vous?

MADAME CHARLOT.

Voyons, Monsieur, il n'y a qu'un mot qui serve : que vous soyez riche ou pauvre, que votre femme ait des dettes ou autre chose, cela ne me regarde pas ; je me suis fiée à votre luxe, et ma bonne foi est hors de doute. Voulez-vous vous exécuter, ou faut-il que j'aille chez mon homme d'affaires?

POMMEAU.

Vous serez payée, Madame, intégralement payée, demain.

MADAME CHARLOT.

Demain?... c'est aujourd'hui qu'il me faut mon argent; j'ai moi-même une échéance.

POMMEAU.

Soit, Madame; je vais vous donner un bon de dix mille francs sur mon patron. (Il s'assied devant la table et écrit.)

MADAME CHARLOT.

Ce que c'est, pourtant, que de s'expliquer de bonne amitié. . j'étais bien sûre que nous finirions par nous entendre.

POMMEAU, lui donnant le bon.

Voilà, Madame.

MADAME CHARLOT, lui remettant le billet.

J'ai confiance, Monsieur! voici votre billet.

SÉRAPHINE, entrant, à part.

Mon mari!

MADAME CHARLOT, bas à Pommeau.

Ne la grondez pas trop ; il n'y a que demi-mal quand c'est le mari qui paie les dettes de sa femme. Votre servante! (Elle salue et sort.)

SCÈNE VIII.

SÉRAPHINE, POMMEAU.

POMMEAU, s'avance lentement vers elle, lui présente le billet, et après un silence.

Je ne te ferai pas de reproches... je suis aussi coupable que toi.

SÉRAPHINE, à part.

Où veut-il en venir?

POMMEAU.

Je prêtais à ta jeunesse la raison de mon âge : au lieu de te donner des habitudes d'ordre, j'encourageais ton penchant à la dissipation ; je comptais que ton bon sens t'empêcherait de dépasser certaines limites. Il est arrivé ce que j'aurais dû prévoir. J'avais manqué de prudence, tu as manqué de confiance... La faute est à nous deux, et j'aurais mauvaise grâce à n'en pas assumer ma part. Passons donc l'éponge sur nos torts réciproques, (il déchire le billet.) et occupons-nous de l'avenir. Il ne nous reste plus qu'à liquider notre situation. Donne-moi la liste de tes créanciers. (Il s'assied et prend une plume.)

SÉRAPHINE.

Mes créanciers... je n'en ai pas d'autres.

POMMEAU.

Je ne te tends pas de piége, mon enfant... ce qui vient de se passer ici ne doit pas se renouveler, tu le conçois... quel que soit le chiffre de tes dettes, ne crains pas de l'avouer, je suis préparé à tout.

SÉRAPHINE.

Mais je vous jure...

POMMEAU.

Ne jure pas... Fussions-nous ruinés, tu n'entendras pas une plainte de moi... Je ne t'en veux pas, je te le répète, et je me mettrai au travail avec joie pour tâcher que tu ne souffres pas trop de tes folies.

SÉRAPHINE.

Si j'avais des dettes, je vous le dirais, je vous assure, mais je n'en ai pas.

POMMEAU, très-ému.

Tu n'en as pas?...

SÉRAPHINE.

Je ne devais absolument que ces dix mille francs!

POMMEAU.

Séraphine! au nom du ciel! sois sincère! Tu ne sais pas de quelle conséquence pourrait être un mensonge.

SÉRAPHINE.

Pourquoi mentirais-je? vous êtes si indulgent...

POMMEAU.

Je ne conçois pas ton obstination...

SÉRAPHINE.

Ni moi la vôtre...

POMMEAU.

Je t'en supplie...

SÉRAPHINE.

Je ne puis pourtant pas inventer des dettes pour vous plaire!

POMMEAU.

Oserais-tu l'attester sur la mémoire de ta mère?

SÉRAPHINE.

Comme vous êtes solennel, aujourd'hui!

POMMEAU.

Tu n'oses pas!... tu vois bien.

SÉRAPHINE.

Mais sur la mémoire de ma mère... (Pommeau chancelle.) Qu'avez-vous? (Elle s'élance vers lui.)

POMMEAU, d'une voix rauque.

Ne me touche pas!... Voilà donc dans quels ruisseaux tu traînes mon honneur! Ne nie rien! ne mens pas!

SÉRAPHINE, à part.

Thérèse a parlé.

POMMEAU.

Si j'avais jamais rien refusé à tes besoins, à tes caprices même!
J'ai usé mes jours à lui créer une aisance honorable; mes forces,
mon temps, ma vie, je lui ai tout donné, et je n'ai recueilli, as-
socié à mon nom qu'une fille perdue!

SÉRAPHINE.

Tout est rompu, je vous le jure!

POMMEAU.

Elle ne me comprend seulement pas! Crois-tu que ce soit un
vieillard jaloux qui te parle? Si encore tu t'étais donnée, mon
âge te serait une excuse...

SÉRAPHINE.

Que voulez-vous dire?

POMMEAU.

Qui défraie ton luxe? infâme!... Chose horrible! j'en suis réduit à ne plus compter avec la chute, tant la faute disparaît devant
l'énormité de la honte! Tu n'es pas même la femme adultère, tu
es la courtisane! Ce que tu as fait de moi, ce n'est pas un mari
trompé, c'est le mari d'une femme entretenue, le complice de
ses ignominies, le recéleur!... Je ne suis pas ridicule, je suis
déshonoré!

SÉRAPHINE.

Ah! Monsieur, ne m'accablez pas! Grâce... je ne savais pas ce
que je faisais... et maintenant que je le sais, j'ai horreur de moi-
même! (Mouvement de Pommeau.) Je ne cherche pas à me justifier;
décidez de mon sort!...

POMMEAU.

J'en déciderai plus tard; ce qu'il me faut sur l'heure, c'est son
nom!

SÉRAPHINE, vivement.

Vous ne le saviez pas?...

POMMEAU.

Serais-je encore là!... Son nom!.. qu'il n'accole pas plus
longtemps le mien au tarif de ses bonnes fortunes, l'ignoble su-
borneur!

SÉRAPHINE.

Vous voulez vous battre?... avec lui... c'est impossible!

POMMEAU.

Il refuserait, n'est-ce pas? Il me répondrait : que demandez-vous, bonhomme? j'ai payé votre femme, vous avez profité du marché, je vous ai nourri... mais il faudra bien qu'il se batte, lorsque, avec son argent, je l'aurai souffleté!

SÉRAPHINE.

Je ne le veux pas... je n'en vaux pas la peine... Faites-moi enfermer avec les filles perdues... je suis tombée plus bas qu'elles; elles ont une excuse, celles-là!

POMMEAU.

Tu es bien humble, pour être sincère.

SÉRAPHINE.

Ah! s'il y avait une épreuve possible, une expiation...

POMMEAU.

Il y en a une! Ce n'est plus ton mari qui te parle, c'est un honnête homme dont tu portes le nom, et qui ne veut le laisser traîner ni dans la boue ni devant les tribunaux. — Enfin, j'ai charge d'âme : il reste encore un lien entre nous, ta rédemption! — Que tu sois sincère ou non, je n'ai pas le droit de te fermer le repentir!

SÉRAPHINE, tombant à genoux.

Parlez! quel que soit le châtiment, je l'accepte avec reconnaissance!

POMMEAU.

D'abord nomme-moi cet homme, que je le paie!

SÉRAPHINE.

Mais vous ne vous battrez pas, vous me le jurez?

POMMEAU

Que je le paie! Ce que je lui dois, je l'ignore; mais c'est toute ma fortune.

SÉRAPHINE.

Toute?...

POMMEAU.

Qu'entre la ruine et moi il n'y ait plus de place pour un soupçon!

SÉRAPHINE, se relevant, froidement.

Et nous?

POMMEAU.

Nous? nous vivrons de mon travail; ce sera la gêne, sinon l'indigence... Tu parlais d'expier, voilà le commencement de l'expiation.

SÉRAPHINE.

La misère... pour vous!...

POMMEAU.

Ne t'occupe pas de moi et réponds.

SÉRAPHINE.

Je ne puis accepter ce sacrifice.

POMMEAU.

Je te répète que ce n'en est pas un. La pauvreté, c'est ma réhabilitation, et j'y aspire comme d'autres à la richesse! — Tu hésites encore? Qui te retient? J'ai peur de comprendre ton silence... Parle! parle donc! — Ah! vile créature, ce n'est pas pour moi que la pauvreté t'épouvante!

SÉRAPHINE, les yeux baissés.

Eh bien, oui! elle me fait peur.

POMMEAU.

Je l'ai tirée du néant, et le pain dont je me contente n'est pas assez bon pour elle!

SÉRAPHINE, aigrement.

Vous me reprochez vos bienfaits?

POMMEAU.

Je me reproche de t'en avoir crue digne!

SÉRAPHINE, d'une voix brève.

Quand on n'est pas riche, on ne se marie pas!

POMMEAU.

O monstre de perversité!

SÉRAPHINE.

On n'insulte pas une femme; on la quitte ou on la tue! — Quels enseignements ai-je reçus, moi? Que m'a appris ma mère? qu'il faut être riche pour être heureux. Que m'a appris le monde? qu'il faut être riche pour être considéré. — Les plaisirs et le luxe sont les dieux qu'on nous prêche de parole et d'exemple : quand nous les adorons, on nous traite de monstres? — Monstre, soit ! Si j'en suis un, prenez-vous-en à qui de droit. Je ferais une concession au respect humain en restant avec vous : elle ne vous suffit pas, chassez-moi donc... je ne suis pas embarrassée de moi.

POMMEAU, atterré.

Vous êtes ici chez vous, Madame ; j'en sors pour n'y rentrer jamais... et va donc maintenant où tes instincts t'emportent ! (Il sort.)

SCÈNE IX.

VICTOIRE, SÉRAPHINE.

VICTOIRE.

Qu'est-ce donc qu'a monsieur, Madame?

SÉRAPHINE.

Est-ce que je sais ! (Elle entre chez elle. — Le rideau tombe.)

FIN DU QUATRIÈME ACTE.

ACTE CINQUIÈME

Même décor qu'au deuxième acte. — Onze heures du soir : une lampe allumée
sur le bureau de Léon.

SCÈNE PREMIÈRE.

THÉRÈSE, assise, LÉON, une lettre à la main.

LÉON, après un silence.

Thérèse...

THÉRÈSE, très-froidement.

Plaît-il?

LÉON, lui tendant la lettre.

Lis.

THÉRÈSE, lisant.

« Votre femme sait tout. Adieu ! *Séraphine.* » Eh bien?

LÉON.

Tu ne me pardonneras jamais, n'est-ce pas ?

THÉRÈSE.

Jamais !

LÉON.

Tu te taisais, pourtant !

THÉRÈSE.

Que pouvais-je faire? N'est-ce pas assez de mon existence perdue, et me fallait-il en briser une autre?

LÉON.

Oui, tu es un grand cœur.

THÉRÈSE.

Une honnête femme, rien de plus.

LÉON.

L'indigne créature !

THÉRÈSE.

Il ne vous manque plus que de l'insulter !

LÉON.

Tu la défends ? .

THÉRÈSE.

Non, mais je vous accuse, vous qui avez fait tourner à sa perte son intimité même ici, où tout devait lui servir de sauvegarde ; vous, que ma confiance prenait plaisir à rapprocher d'elle ; vous. sur qui j'aurais compté comme sur moi-même dans une heure de péril pour protéger son honneur.

LÉON.

Thérèse !

THÉRÈSE.

Ce que vous avez fait n'a pas de nom dans le langage des gens de cœur : c'est un manque de foi, une trahison de tous les jours, quelque chose de vil comme un vol domestique.

LÉON.

Traite-moi comme le dernier des hommes, tu as raison. Oui. tu me soulages en me parlant ainsi ! J'éprouve je ne sais quel allégement à m'entendre dire enfin tout haut ce que depuis si longtemps je me disais tout bas. (Mouvement de Thérèse.) Rassure-toi, je ne t'apporte pas les restes d'un cœur souillé par une autre. J'ai pu déchoir jusqu'à elle, mais remonter jusqu'à toi, je ne l'espère plus. Si tu veux que je m'éloigne, je partirai ; que je reste, je reste-rai ; ton souvenir ou ta présence sera mon châtiment, et l'avouerai-je ? il me semble doux auprès du supplice avilissant que j'endurais.

THÉRÈSE.

Vous l'aimiez, pourtant !

LÉON.

Moi ! Si c'est de mon cœur que tu es jalouse, tu n'as pas à l'être.

THÉRÈSE.

Je ne le suis plus ! J'ai l'orgueil de ce que je vaux. Aussi, n'est-ce pas, croyez-le bien, une sotte revendication de mes droits d'épouse que je poursuis : chacun rêve pour soi un destin différent de celui des autres, et le sort de chacun est le même pour tous. On se récrie d'abord, on se résigne ensuite, et j'aurais accepté

de vous, puisqu'il le fallait, tous ces crève-cœur que la jeunesse
nous prépare en nous abandonnant; mais ici l'outrage est double,
et ce qui m'en révolte n'est pas ce qui m'en touche. Que tout le
monde n'ait pas pour le plus excellent, aujourd'hui le plus à
plaindre des êtres, la piété filiale que je lui ai vouée, je le veux
bien; mais ce n'était donc pas assez de lui de dérober sa femme,
de piller son trésor; par delà le mari, c'est la dignité même de
l'homme qu'il vous fallait atteindre! (Elle se lève.) Voilà ce qu'à
mon lit de mort je ne vous pardonnerai pas, ce que, lui vivant,
je n'oublierai jamais; et puisse le ciel l'aveugler jusqu'au bout,
car, le moment venu, entre lui et un autre je n'hésiterais pas.

LÉON.

Prends garde que la reconnaissance ne t'emporte au delà de
tes devoirs!

THÉRÈSE.

C'est bien à vous, vraiment, d'en tracer la limite.

LÉON.

Une faute n'en excuse pas une autre.

THÉRÈSE.

La conscience légitime tout.

LÉON.

Mais il existe entre nous un lien, ce me semble, supérieur à
tout.

THÉRÈSE.

Je n'en connais pas que vous n'ayez rompu...

LÉON.

Vous avez un enfant.

THÉRÈSE

Celui qui m'a élevée peut lui servir de père!

LÉON.

Thérèse!

JOSEPH, entrant.

M. Bordognon désire voir monsieur.

LÉON.

Frédéric, si tard!

THÉRÈSE, à Joseph

Faites entrer. (A Léon.) Je vous laisse. (Elle sort.)

SCÈNE II.

LÉON, BORDOGNON.

LÉON.

Toi, à onze heures!

BORDOGNON.

Oui, moi! M. Pommeau n'est pas encore venu?

LÉON.

Non. Pourquoi?

BORDOGNON.

Je respire! Il ne tardera pas à paraître, sois-en sûr. Ne te démonte pas en le voyant; je viens te prévenir qu'il sait tout... sauf le nom de l'amant.

LÉON.

L'amant?

BORDOGNON.

Il ne s'agit plus de prendre des mitaines ni de jouer au plus fin, mon pauvre garçon : je n'ai plus envie d'être ton rival. La poudrière a fait explosion; une marchande à la toilette a attaché le pétard, et M. Pommeau a déguerpi de chez lui pour n'y plus rentrer.

LÉON.

Voilà le dernier coup.

BORDOGNON.

Je te répète qu'il ignore que c'est toi; ainsi ne te trahis pas, et sauve au moins le repos de ta femme.

LÉON.

Il est trop tard!

BORDOGNON.

Patatra! Le diable emporte les jolies filles élevées en vue de cent mille francs de rente, par des parents qui n'ont pas le sou!

LÉON.

Mais comment as-tu appris toi-même?...

BORDOGNON.

Par Séraphine, parbleu!

LÉON.

Tu l'as vue!

BORDOGNON.

Au Gymnase!

LÉON.

Au Gymnase?

BORDOGNON.

C'est peut-être un peu précipité; une autre eût attendu par convenance jusqu'au lendemain; mais elle n'a point osé rester chez elle, de peur de s'empoisonner. C'est son désespoir qu'elle a conduit au spectacle.

LÉON.

Elle est tranquille! elle s'amuse!

BORDOGNON.

Sois calme, la justice d'en haut a déjà pris ses conclusions : entretenue dans un mois, dans dix ans prêtresse d'un tripot clandestin, dans vingt ans à l'hôpital, tel est l'arrêt de dame Séraphine; il y a peut-être là de quoi satisfaire la vindicte publique. Dans ce moment même, elle ne se divertit pas autant qu'elle en a l'air; par un hasard providentiel, la pièce qu'elle écoute est précisément son histoire, et quoiqu'elle fasse bonne contenance et crie au scandale avec tous les tartufes de mœurs, elle est sur les épines, je t'en réponds. Je l'y ai laissée, ayant hâte de te mettre sur tes gardes, et me souciant peu d'ailleurs de rester plus longtemps en public dans la compagnie d'une petite dame si compromettante désormais. Maintenant, mon ami, un homme averti en vaut deux : avise.

LÉON.

Que faire?

BORDOGNON.

Ce n'est pas le moment de perdre la tête. Les femmes sont de bon conseil; consultons la tienne, puisqu'il n'y a plus rien à lui cacher...

LÉON, après une hésitation.

Tu as raison ! (Il ouvre la porte de Thérèse.) Thérèse !

SCÈNE III.

BORDOGNON, LÉON, THÉRÈSE.

THÉRÈSE.

Vous m'appelez?...

LÉON.

Rassemble toutes tes forces !

THÉRÈSE.

Quel nouveau malheur ? Achevez !

BORDOGNON.

Monsieur Pommeau a tout découvert, Madame, et je venais vous prévenir qu'il est sorti de chez lui pour n'y plus remettre les pieds.

THÉRÈSE.

Est-ce possible?

BORDOGNON.

J'ai hâte d'ajouter que le nom de quelqu'un qui vous touche n'a pas été prononcé.

THÉRÈSE.

Oh! malheureux homme! mais s'il ignore vraiment... qui l'arrête? pourquoi n'est-il pas ici?

BORDOGNON.

Je puis vous affirmer...

THÉRÈSE.

Vous l'avez donc vu?...

BORDOGNON.

Lui, non; mais le hasard m'a mis face à face avec sa femme.

THÉRÈSE.

Où cela? que je la voie, que je lui parle, que je sache...

LÉON, l'arrêtant.

Tu n'y penses pas !

THÉRÈSE.

Que m'importe le reste ! je ne vois plus que lui... Je vous en supplie, où la trouver?...

BORDOGNON.

Je n'ose pas vous le dire.

LÉON.

Au spectacle.

THÉRÈSE.

La misérable !

LÉON.

Oui ! (La porte s'ouvre.)

BORDOGNON, vivement.

Monsieur Pommeau !

THÉRÈSE.

Ah ! (Ils restent tous immobiles.)

SCÈNE IV.

POMMEAU, BORDOGNON, THÉRÈSE, LÉON.

POMMEAU, sur le seuil.

C'est moi, mes bons amis... je vois à votre contenance que vous savez la nouvelle. (Il descend en scène.) Soyez donc cinquante ans l'artisan de votre honneur ! J'ai marché toute la soirée, je suis rompu de fatigue... (Bordognon lui avance une chaise; il s'assied.) Il doit être tard, hein ?

THÉRÈSE.

Je ne sais pas !

POMMEAU, à Thérèse.

Oui, mon enfant, Séraphine m'a déshonoré : elle avait un amant à qui elle se vendait... il existe de pareilles femmes, et la mienne était de celles-là... Je n'y voyais rien, moi, confiant, et pour le croire il me faut encore faire un effort sur moi-même ! mais il n'y a plus à douter. L'habit que j'ai sur le dos ne m'appartient peut-être pas. (se levant.) Vous m'aiderez, n'est-ce pas, vous m'aiderez tous à découvrir le complice ? que je le rembourse, que je lui crache au visage, à ce réprouvé, à ce trafiquant d'adultères !... Puis vous serez mes témoins, et vous verrez si j'ai peur ! —Je n'en puis plus. (Il tombe assis. Après un silence.) Bonsoir, Léon, je ne vous avais pas vu ! (Thérèse s'approche de manière à lui cacher Léon.)

S'ils savaient le mal qu'ils font ces corrupteurs de femmes... Dans une heure j'ai appris à la connaître mieux que je ne l'eusse fait en un siècle! natures ignobles que celles-là! prostituées de l'orgueil, les dernières de toutes! pour elles, c'est à la misère que commence l'opprobre! — Tu vas me faire préparer une chambre, n'est-ce pas, pour cette nuit? Je te demande pardon. Mais où aller? Je n'ai plus que toi, et je tombe d'épuisement.

THÉRÈSE, avec effroi.

Ici !

POMMEAU.

Au fait, comment se fait-il que vous ayez appris ?...

THÉRÈSE, vivement.

Par Victoire !

POMMEAU.

On l'a donc vue?

THÉRÈSE.

Joseph l'a rencontrée... le domestique...

POMMEAU.

A la bonne heure; car il n'y avait personne à la maison. Tel que tu me vois, j'ai voulu encore une fois passer sous ses fenêtres!... Pas de lumière!... la peur m'a pris, je craignais un malheur! Je frappe, j'entre, le portier m'arrête : « Madame est au spectacle! » Je n'ai pas été surpris, rien ne m'étonne plus. Marchant devant moi alors, je suis arrivé au quai, et m'arrêtant sur un pont, je ne sais plus lequel... l'eau coulait dessous avec un grand bruit... Je regardais... un instant vint où je fermai les yeux, ma prière était faite... En boutonnant mon habit, je sentis par bonheur cette liasse d'argent. (Il tire un paquet de billets de banque.) Je me souvins, et voilà comment je suis ici.

THÉRÈSE, l'embrassant.

Mon ami...

POMMEAU.

Que veux-tu? elle avait sans doute à étaler aussi quelque chapeau de 150 francs... Mais l'heure viendra de régler les comptes.

BORDOGNON, allant à lui.

Voyons, mon cher monsieur Pommeau... il faut prendre le dessus et tenir bon contre les suggestions même de votre probité... la honte est personnelle, comme la faute.

POMMEAU.

C'était ma femme, Monsieur !

BORDOGNON.

Elle ne l'a plus été du jour où elle a failli, et à votre place je la répudierais, sans poursuivre davantage une réparation que vous n'obtiendrez pas.

POMMEAU.

Nous verrons bien ! — Il m'est venu une idée entre mille, et celle-là m'est restée ! Bien des choses échappent d'abord, qui reviennent plus tard. Cette voiture versée sur le boulevard, vous vous rappelez, cette femme qui s'enfuyait... Pendant votre récit, avez-vous remarqué dans quel trouble elle était ? Mon esprit me reporte à mille circonstances. Je la vois, c'était elle !

BORDOGNON.

Qu'allez-vous vous figurer là ?

POMMEAU.

C'était elle !

THÉRÈSE, à part.

Je tremble !

POMMEAU.

Thérèse, sur ton honneur, tu ne te doutais de rien ?

THÉRÈSE, effarée.

Moi ?

POMMEAU.

Léon, vous qui la voyiez souvent ?...

BORDOGNON.

Demain, mon cher monsieur Pommeau, demain.

POMMEAU.

Le temps me dure. (a Thérèse.) Il faudra me chercher une chambre dans le voisinage ; que je ne te quitte plus. Pour aujourd'hui...

BORDOGNON.

Je vous emmène... J'ai ma voiture en bas, chez moi une chambre d'ami toujours prête, et nous épargnerons à madame un dérangement...

POMMEAU.

Est-ce que je la dérange ?

THÉRÈSE.

C'est que...

POMMEAU.

Tu n'as pas un coin à me donner? Ce fauteuil me suffira. Pour une seule nuit! Tu baisses les yeux?... Vous avez tous l'air embarrassé? (Bas à Thérèse.) Est-ce Léon qui s'oppose? (A Léon.) Ne me séparez pas d'elle, mon ami, mon fils... (Il ouvre les bras comme pour se jeter dans ceux de Léon; Thérèse par un mouvement instinctif l'arrête. Pommeau regarde autour de lui, passe sa main sur son visage, les yeux fixés sur Léon, puis :) Ah! bandit, c'était toi! (Il s'élance le bras levé; Bordognon et Thérèse se jettent entre lui et Léon.)

THÉRÈSE.

C'est mon mari!

BORDOGNON.

Épargnez-la. Elle est innocente, elle!

POMMEAU, jetant les liasses de billets de banque aux pieds de Léon.

Ramasse! ramassez, vous dis-je, ou ..

THÉRÈSE.

Mon père!

POMMEAU.

Il spoliait ma fille, pour suborner ma femme!

LÉON, avec un mouvement violent.

Monsieur! (Thérèse se tourne vers lui en couvrant Pommeau; Léon baisse la tête; Thérèse conduit Pommeau à un fauteuil et reste debout auprès de lui.) Je vous ai mortellement outragé! un duel, fût-il possible de vous à moi, je ne l'accepterais pas... Je me charge seul de la réparation que je vous dois; elle vous suffira, je l'espère.

BORDOGNON.

Et ton fils?

LÉON.

Il lui restera sa mère. (Il fait un pas pour sortir.)

THÉRÈSE, se jetant devant la porte.

Tu ne sortiras pas! je ne veux pas que tu sortes...

BORDOGNON, allant à Pommeau assis.

Monsieur... levez donc les yeux! (Il lui montre Thérèse qui pleure en silence, puis qui vient s'agenouiller près de lui.)

POMMEAU.

Je ne me souvenais pas que tu peux lui pardonner, toi! Ton honneur n'est pas atteint... Ainsi va le monde. (Il la relève.) Dis donc à ton mari que le sang ne lave rien, et que sa mort ne ferait qu'ajouter un crime à un autre. D'ailleurs, toute expiation est complète où il y a une victime, et je sens là qu'il y en aura une.

LÉON, très-ému.

Monsieur!...

POMMEAU, plus ferme.

Je ne vous parle pas. (A Thérèse.) Quant à cet argent...

THÉRÈSE.

Je vous jure de le lui porter moi-même!

POMMEAU.

A elle?...

THÉRÈSE.

A elle! c'est moi qui le lui donne.

POMMEAU, prenant Thérèse dans ses bras.

O cœur d'ange! Il n'y a que les femmes pour avoir de ces miséricordes-là!... Ne lui fais pas de reproches, à quoi bon! Et quand je n'y serai plus, si tu le peux, veille de loin sur elle, en souvenir du vieux père Pommeau, qui vous a tant chéries!... Adieu... (Il s'en va en trébuchant vers la porte.)

BORDOGNON, à Léon.

Pauvre homme! il en mourra!...

THÉRÈSE, suppliante à Bordognon.

Monsieur!...

BORDOGNON.

Soyez tranquille, Madame, je ne le quitterai pas!... (Il prend Pommeau sous le bras et sort avec lui. — Le rideau tombe.)

FIN.

PARIS. — IMPRIMERIE J. CLAYE, RUE SAINT-BENOIT, 7.